ARD-Ratgeber Recht

Herausgeber

Karl-Dieter Möller

Thomas Nell

WDR Fernsehen SWR

Eine Produktion des Westdeutschen Rundfunks Köln
und des Südwestrundfunks
in Zusammenarbeit mit den Verbraucherzentralen

verbraucherzentrale

Eine Betreuung im rechtlichen Sinn setzt viele Kenntnisse voraus. Welche Auswirkungen hat sie, welche Verpflichtungen geht man ein, wem ist man Rechenschaft schuldig? Solche und viele weitere Fragen müssen beantwortet werden. Dieser Rechtsratgeber behandelt die zentralen Regelungen und erläutert, welche Bedeutung sie für die Praxis haben.

Prof. Dr. Walter Röchling arbeitet als Familien- und Betreuungsrichter am Amtsgericht Mönchengladbach-Rheydt.

Walter Röchling

Betreuung

Rechtliche Sicherheit für Betreuer, Betreute und Angehörige

verbraucherzentrale

Tipp Ratschlag

! Wichtig

✓ Gute Sache

§ Rechtsprechung

ϟ Vorsicht

Bibliografische Information der Deutschen Bibliothek
Die Deutsche Bibliothek verzeichnet diese Publikation in der Deutschen Nationalbibliografie; detaillierte bibliografische Daten sind im Internet über http://dnb.ddb.de abrufbar.

Diese Publikation erscheint im Rahmen der Verlagsgemeinschaft Stiftung Warentest und Verbraucherzentrale Nordrhein-Westfalen e.V.

1. Auflage 2009

Printed in Germany.

Internet: www.vz-nrw.de

ISBN 978-3-940580-23-8

Liebe Leserin, lieber Leser,
und natürlich auch: Liebe Zuschauerin, lieber Zuschauer des ARD-Ratgeber Recht,

die Welt wird täglich komplizierter. Die Welt der Paragrafen sowieso. Ständig wächst der Berg von Verordnungen, Gesetzen, Urteilen und Meinungen. Die Paragrafenwelt verständlicher für Sie – unsere Leser und Zuschauer – ausfallen zu lassen, das ist das erklärte Ziel des ARD-Ratgeber Recht.

Es gibt dabei wenige Sendungen in der deutschen Fernsehlandschaft, die Sie, unsere Zuschauer, so häufig zu Papier und Füller greifen lassen (oder Sie dazu bringen, Ihr Mail-Programm zu starten), wie der ARD-Ratgeber Recht. Dafür bedanken wir uns – und auch für das Vertrauen, das Sie in uns setzen. Leider dürfen und können wir Ihnen nicht die umfangreichen Auskünfte geben, die wir Ihnen gern geben würden. Denn unser Programmauftrag besteht darin, Rechtsprobleme und juristische Fragen auf einer leicht verständlichen Ebene aufzuarbeiten. Die Rechtsauskunft und die Rechtsberatung im Einzelfall gehören nicht dazu.

Umfangreichere Informationen, die die Sendungen ergänzen, bieten wir dem interessierten Publikum seit vielen Jahren mit der Buchreihe zum ARD-Ratgeber Recht an. Die beiden ARD-Sender, die den ARD-Ratgeber Recht produzieren, nämlich der Südwestrundfunk (SWR) und der Westdeutsche Rundfunk (WDR), betreuen diese Reihe gemeinsam. Ziel ist, verständliche und erschwingliche Bücher zu den juristischen Themen aus unseren Sendungen anzubieten.

Unsere erfahrenen und juristisch geschulten Autoren können in allgemein verständlichen Ausführungen die Ratsuchenden bestens begleiten. Ein klarer Aufbau soll dem Leser einen schnellen Zugriff auf die gesuchten Informationen gewährleisten. Dazu gibt es Musterbriefe von Experten, Tipps und Ratschläge. Im Internet finden Sie darüber hinaus weitere sendungsbezogene Informationen.

Unser wichtigstes Anliegen ist es, Ihnen – ausgehend von den Berichten und Reportagen unserer Sendungen – vertiefende und alltagsnahe Informationen zur Verfügung zu stellen, die Sie bei der Lösung Ihrer persönlichen rechtlichen Probleme unterstützen – also, die Paragrafenwelt begreifbarer zu machen.

Mit Dank für Ihre freundliche und kritische Begleitung unserer Arbeit!

Karl-Dieter Möller
ARD-Fernsehredaktion Recht und Justiz
Südwestrundfunk Karlsruhe

Thomas Nell
Programmgruppe Wirtschaft und Recht
Westdeutscher Rundfunk Köln

Inhalt

Die wichtigsten verwendeten Abkürzungen im Überblick

Abs.	Absatz
a.F.	alte Fassung
Art.	Artikel
Az.	Aktenzeichen
BGB	Bürgerliches Gesetzbuch
BGH	Bundesgerichtshof
BGHZ	Entscheidungen des Bundesgerichtshofs in Zivilsachen
BMF	Bundesministerium der Finanzen
BNotO	Bundesnotarordnung
BStBl	Bundessteuerblatt
BtÄndG	Betreuungsrechtsänderungsgesetz
BtBG	Betreuungsbehördengesetz
BvR	Aktenzeichen einer Verfassungsbeschwerde zum Bundesverfassungsgericht
DVO	Durchführungsverordnung
EStG	Einkommensteuergesetz
FamFG	Gesetz über das Verfahren in Familiensachen und in den Angelegenheiten der freiwilligen Gerichtsbarkeit
FamRZ	Zeitschrift für das Gesamte Familienrecht
FGG	Gesetz über die Angelegenheiten der freiwilligen Gerichtsbarkeit
GG	Grundgesetz
HS	Halbsatz
i.V.m.	in Verbindung mit
KostO	Gesetz über die Kosten in Angelegenheiten der freiwilligen Gerichtsbarkeit (Kostenordnung)
Nr.	Nummer
SGB	Sozialgesetzbuch
Tz.	Textziffer
UStG	Umsatzsteuergesetz
VBVG	Vormünder- und Betreuervergütungsgesetz
ZPO	Zivilprozessordnung
ZR	Zivilrecht

Kapitel 1
Einleitung

Jeder von uns – ob jung oder alt – kann in eine Lage geraten, in der er auf die Hilfe anderer angewiesen ist: Bei lebenslanger Behinderung, psychischer Erkrankung oder altersbedingter Gebrechlichkeit. Aber auch bei Unfällen mit tragischen gesundheitlichen Folgen können wir unsere Angelegenheiten unter Umständen nicht mehr selbst erledigen. In solchen Fällen springen häufig uns nahestehende Personen mit Betreuung und Versorgung ein. Daher wird in der allgemeinen Sprache unter dem Begriff »Betreuung« die tatsächliche bzw. pflegerische Versorgung eines Menschen verstanden.

Rechtliche Befugnis erforderlich

Doch das ist nur die eine Seite. Auf der anderen stellt sich die Frage: Wer kümmert sich um die rechtlichen Angelegenheiten? Wer verhandelt mit Ärzten und Krankenkassen, korrespondiert mit Behörden und Banken? Wer beantragt Sozialleistungen, bezahlt Rechnungen und schließt zum Beispiel Pflege- oder Mietverträge ab? Solche Hilfen setzen eine »rechtliche« Legitimation (Befugnis) voraus. Diese kann zum Beispiel in einer Vorsorgevollmacht bestehen, mit der eine Person des Vertrauens ermächtigt wurde, um entsprechende Regelungen oder gar Entscheidungen zu treffen. Häufiger allerdings besteht keine Vollmacht, dann muss das Betreuungsgericht eingeschaltet werden, das einen Betreuer für die Erledigung solcher rechtlichen Angelegenheiten bestellt.

Über eine Million Betreuungen in Deutschland

Zum Jahresende 2007 gab es in Deutschland ca. 1,25 Millionen Betreuungen. Der Grund für diese hohe Zahl liegt nicht nur darin, dass es immer mehr alte Menschen gibt, sondern auch im zunehmenden Betreuungsbedarf junger Menschen mit psychischen Erkrankungen, Suchterkrankungen oder sonstigen Behinderungen. Die Betroffenen sind mit der Regelung des alltäglichen Lebens überfordert.

Voraussetzungen und Auswirkungen sowie Notwendigkeit und Bedeutung einer Betreuung sind in einer Vielzahl von gesetzlichen Bestimmungen näher geregelt. Dieser »rechtliche Handlungsrahmen« wird allgemein weit unterschätzt. Die zu beachtenden Rechtsvorschriften finden sich im bürgerlichen Recht (BGB), dem Verfahrensrecht (FamFG, vormals FGG), dem Betreuungsbehördengesetz (BtBG) und dem Vormünder- und Betreuervergütungsgesetz (VBVG). Damit nicht genug: Das gesamte Gebiet der – rechtlichen – Betreuung ist ständig Gegenstand der Rechtsprechung, die mit ihren Entscheidungen wichtige, teils zentrale Fragen für die Rechtspraxis beantwortet und damit die Rechte und Pflichten im Rahmen eines Betreuungsverhältnisses – mehr oder weniger bekannt – maßgeblich beeinflusst.

Vielzahl von Rechtsvorschriften

Insgesamt gesehen ist es da für interessierte Laien und gerade für ehrenamtlich tätige Betreuer sehr schwierig, sich einen umfassenden und grundlegenden Überblick über das Thema der »rechtlichen« Betreuung zu verschaffen. Das allerdings ist unverzichtbare Voraussetzung für kompetentes Handeln. Und ganz wichtig: Auf jeden Menschen können völlig unerwartet Betreuungsaufgaben zukommen, sodass praktisch jeder betroffen sein kann!

Mehrzahl der Betreuungen ehrenamtlich

Etwa zwei Drittel der Betreuungen werden im Bundesdurchschnitt ehrenamtlich, ca. ein Drittel von beruflich tätigen Betreuern geführt. Ehrenamtliche Betreuer sind in aller Regel Familienangehörige, Freunde oder sonstige dem Betreuten nahestehende Personen. Gibt es jedoch keinen geeigneten ehrenamtlichen Betreuer, dann bestellt das Gericht einen vom Betreuten oder von der Staatskasse zu vergütenden Berufsbetreuer.

Jeder von uns – sei es als betreute Person, sei es als Betreuer – sollte daher über bestimmte Sachverhalte Bescheid wissen: Welche Auswirkungen hat eine Betreuung? Wie wird eine Betreuung geführt? Wie lässt sich eine zukünftige Betreuung durch Errichtung einer Vorsorgevollmacht vermeiden? Welche Bedeutung hat eine Betreuungsverfügung? Und vor allem auch: Wie kann man für Zeiten, in denen man krankheitsbedingt nicht mehr selbst für sich entscheiden kann, seinen Patientenwillen mit einer Patientenverfügung verbindlich artikulieren?

Dieser Ratgeber stellt die »rechtliche« Betreuung im Einzelnen vor, beantwortet leicht verständlich, doch inhaltlich umfassend die üblicherweise mit einer Betreuung auftretenden Fragen und geht ausführlich auf wichtige praxisrelevante Entscheidungen ein. Darüber hinaus werden das Rechtsinstitut der Vorsorgevollmacht erörtert, der Inhalt einer Betreuungsverfügung erläutert und die neuesten gesetzlichen Regelungen zur Patientenverfügung dargestellt.

Schließlich verschafft der Ratgeber Einblick in das gesamte gerichtliche Betreuungsverfahren und klärt darüber auf, welche Behörden bei einer Betreuung Hilfe und Unterstützung leisten bzw. Auskünfte geben.

Damit haben Sie eine gute Grundlage, um entweder selbst als Betreuer tätig zu werden oder sich frühzeitig Gedanken zu machen und Ihre Angelegenheiten für den Fall der Fälle rechtzeitig zu bestimmen und zu regeln.

Regeln Sie Ihre Angelegenheiten rechtzeitig!

Kapitel 2
Überblick

Im landläufigen Sinn wird der Begriff »Betreuung« für die ganz praktische Unterstützung von Menschen in schwierigen Lebenslagen benutzt. Besonders Menschen, die behindert, krank oder alt sind, brauchen Hilfe etwa beim Einkaufen, Gardinenaufhängen, bei der Gartenarbeit oder bei Behördengängen bzw. bei der Erledigung des alltäglichen Papierkrams. Häufig besteht die Hilfe auch in einer tatsächlichen pflegerischen Versorgung und persönlichen Umsorgung.

1. Was ist unter einer Betreuung im Sinne des Gesetzes zu verstehen?

Im Gegensatz zu dieser rein karitativen, mitmenschlichen Hilfe umfasst die Betreuung im juristischen Sinn lediglich diejenigen Tätigkeiten, die erforderlich sind, um die Angelegenheiten des Betreuten »rechtlich« zu besorgen. Aber auch nicht jeder, der einen anderen bei rechtlichen Angelegenheiten, zum Beispiel bei Bankgeschäften, unterstützt, ist damit gleich ein Betreuer in dem hier besprochenen Sinn. Dieser Ratgeber beschäftigt sich, vereinfacht ausgedrückt, mit einer von einem Gericht eingerichteten Betreuung. Aus der gerichtlichen Bestellung ergeben sich für den Betreuer besondere Rechte, aber auch besondere Pflichten. Anzumerken ist in diesem Zusammenhang, dass das Gesetz und auch dieser Ratgeber immer von »Betreuer« in der männlichen Form sprechen, damit aber selbstverständlich auch »Betreuerinnen« gemeint sind.

Gerichtliche Bestellung des Betreuers

Ursprünglich wurde mit der Einführung des Betreuungsgesetzes die »persönliche« Betreuung besonders betont. Durch das 1. Betreuungsrechtsänderungsgesetz (1. BtÄndG) wurde der Schwerpunkt auf die »rechtliche« Betreuung verlagert. Damit sollte die vergütungspflichtige Betreuertätigkeit von der tatsächlichen pflegerischen Hilfe besser abgegrenzt werden.

Der Grundsatz der persönlichen, dem Wohl des Betroffenen verpflichteten Betreuung ist nach dem Willen des Gesetzgebers jedoch erhalten geblieben. Es ist wichtig, dass zwischen Betreuer und Betreutem ein Vertrauensverhältnis besteht bzw. aufgebaut wird. Der Betreuer soll daher regelmäßig persönliche Gespräche mit dem Betreuten führen und ihm dadurch Zuwendung zuteil werden lassen. Solche »vertrauensbildenden Maßnahmen« sind umso wichtiger, wenn die Betreuung »berufsmäßig« ausgeübt wird, da in diesem Fall zwischen Betreutem und Betreuer kein näheres persönliches Verhältnis oder eine persönliche Verbindung besteht. Mit der Pauschalierung der Vergütung durch das 2. Betreuungsrechtsänderungsgesetz (2. BtÄndG) ist der Grundsatz der persönlichen Betreuung in der Praxis jedoch zunehmend in den Hintergrund getreten.

!

Vertrauensverhältnis schaffen

Zusammengefasst: »Rechtliche« Betreuung bedeutet nicht »tatsächliche Hilfe«, sondern lediglich staatlich gewährte »Rechtsfürsorge«. Der Betreuer organisiert die tatsächlichen Hilfen lediglich, führt sie aber nicht selbst aus. Im Notfall, wenn anderweitig tatsächliche Hilfe für den Betreuten nicht rechtzeitig zu erlangen ist, ist der Betreuer allerdings verpflichtet, zumutbare tatsächliche Verrichtungen zu erbringen.

Betreuung im gesetzlichen Sinn ist Rechtsfürsorge

Die Vorschriften über die Betreuung sind am 1. Januar 1992 in Kraft getreten. Sie gelten innerhalb der Bundesrepublik Deutschland sowohl für Deutsche als auch für Angehörige anderer Staaten. Nach dem Haager Übereinkommen über den internationalen Schutz von Erwachsenen, das in Deutschland seit dem 1. Januar 2009 gilt, sind deutsche Gerichte unter Anwendung von deutschem Recht auch für die Bestellung eines Betreuers für ausländische Betroffene zuständig, wenn diese ihren gewöhnlichen Aufenthalt in der Bundesrepublik Deutschland haben. Dies gilt selbst dann, wenn der ausländische Betroffene die Staatsangehörigkeit eines Lands hat, das nicht Mitglied des genannten Abkommens ist. Die Mitgliedstaaten erkennen unter

Das Haager Übereinkommen

anderem sogar ihre Maßnahmen, wie beispielsweise die Bestellung eines Betreuers, untereinander an.

! Für Vorsorgevollmachten (jedoch nicht für Betreuungs- und Patientenverfügungen) gilt das Recht des Staats, in dem der Erwachsene zum Zeitpunkt der Errichtung der Vollmacht seinen gewöhnlichen Aufenthalt hatte. Hierauf sollten insbesondere ausländische Mitbürger achten.

2. Aufhebung der Entmündigung

Viele Menschen haben Sorge, dass die Einrichtung einer Betreuung gleichbedeutend mit einer Entmündigung ist. Nach früherem Recht konnte der Vormund tatsächlich allein in allen Belangen entscheiden. Heute ist das – glücklicherweise – anders. Durch die Einführung des Rechtsinstituts der Betreuung wurde das früher geltende Recht der Entmündigung, Vormundschaft und Pflegschaft grundlegend reformiert. Das Betreuungssystem zielt darauf ab, dass der Betreute so weit wie möglich selbst handlungsfähig bleibt. So wird nur in Ausnahmefällen eine Betreuung für alle Lebensbereiche bestellt. In der Regel betrifft die Betreuung nur bestimmte Aufgabenkreise, in denen der Betroffene nicht mehr selbst handeln oder entscheiden kann (siehe hierzu auch Kapitel 4, Seite 40 ff.).

Ziel: Handlungsfähigkeit erhalten

! Mit der Einführung der Betreuung war mehr beabsichtigt und wurde weit mehr erreicht als nur eine Umbenennung. Durch die Grundprinzipien der Betreuung, insbesondere der Erforderlichkeit, der Subsidiarität und der Selbstbestimmung (siehe hierzu auch Kapitel 3, Seite 29 ff.), soll den Menschen die Angst vor einer vollständigen Entrechtung gegen ihren Willen genommen werden.

Befristung der Betreuung

Ohne an dieser Stelle ins Detail zu gehen, kann das grundlegend andere Verständnis des Betreuungsrechts an einer einfachen Regelung verdeutlicht werden: Früher erfolgte die Aufhebung einer Vormundschaft in einem gesonderten Wiederbemündigungsverfahren. Die Betreuung nach geltendem Recht ist hingegen immer zeitlich befristet, und zwar auf maximal sieben Jahre. Eine Verlängerung nach

Ablauf der Frist ist nur bei Bedarf, nach erneuter Prüfung und mit einer neuen Entscheidung des Gerichts möglich. Der Eingriff in die Rechte des Einzelnen bedarf also nunmehr der permanenten Rechtfertigung und durch das System der Befristung ist eine entsprechende Kontrolle sichergestellt.

Tipp

Oft zögern diejenigen, die Hilfe im betreuungsrechtlichen Sinn benötigen, eine entsprechende Entscheidung hinaus. Aus Angst vor einer Entrechtung vermeiden viele ein frühzeitiges Gespräch über eine mögliche Betreuung und ihre diesbezüglichen Wünsche. Haben Sie keine Angst. Informieren Sie sich möglichst frühzeitig. Je eher Sie ein einschlägiges Problem angehen, umso besser kann Ihr Wille bzw. der Ihres Angehörigen berücksichtigt werden.

3. Welche rechtlichen Auswirkungen hat eine Betreuung?

Willenserklärung

Wie bereits erwähnt, beschäftigt sich das Betreuungsrecht mit der Frage, ob eine Person rechtlich wirksam handeln kann. Der Wunsch, etwas zu kaufen, zu mieten oder beispielsweise einen Vertrag zu kündigen, wird – juristisch betrachtet – durch eine sogenannte Willenserklärung ausgedrückt. Eine Willenserklärung ist nichtig, wenn eine Person geschäftsunfähig ist, § 105 Abs. 1 Bürgerliches Gesetzbuch (BGB). Sowohl die entsprechende Willenserklärung als auch das darauf beruhende Rechtsgeschäft (etwa ein Kauf) sind in diesem Fall unwirksam.

Geschäftsunfähigkeit

Nach geltendem Recht ist eine Person dann geschäftsunfähig, wenn sie sich in einem die freie Willensbestimmung ausschließenden Zustand krankhafter Störung der Geistestätigkeit befindet, der seiner Natur nach nicht vorübergehend ist (sogenannte natürliche oder tatsächliche Geschäftsunfähigkeit, § 104 Nr. 2 BGB). Bei vorübergehenden Störungen gilt § 105 Abs. 2 BGB, allerdings mit der gleichen Rechtsfolge der Nichtigkeit der Willenserklärung.

Bei beiden Bestimmungen kommt es auf den konkreten Zustand an. Bei (natürlicher) Geschäftsunfähigkeit ist der Betroffene nur in sogenannten lichten Augenblicken geschäftsfähig, die als Ausnahmefall hier vernachlässigt werden können.

Unwirksamkeit der Willenserklärung

Die Willenserklärungen und damit die Geschäfte einer Person sind dann unwirksam, wenn sie bei Abgabe der Willenserklärung geschäftsunfähig war. Dabei kommt es allein auf den geistigen Zustand an, unabhängig davon, ob eine Betreuung angeordnet ist oder nicht.

Ist ein Mensch daher geschäftsunfähig, wäre an sich die Einrichtung einer Betreuung nicht notwendig, um ihn vor den Folgen seiner Willenserklärungen zu schützen, da diese ja ohnehin unwirksam sind. Da für ihn aber – zumindest gelegentlich – rechtsgeschäftlich gehandelt werden muss, bedarf es trotzdem einer Betreuung.

!

Entgegen der verbreiteten Meinung (und anders als bei der früheren Entmündigung) wird der Betroffene durch die Anordnung einer Betreuung nicht geschäftsunfähig.

Willenserklärung durch den Betreuer

Ist eine Betreuung eingerichtet, wird der Betreute – gleichgültig, ob er im Sinne von § 104 Nr. 2 BGB geschäftsunfähig oder geschäftsfähig ist – im Rahmen des gerichtlich festgelegten Aufgabenkreises vom Betreuer vertreten. Die vom Betreuer abgegebenen Willenserklärungen wirken gemäß § 164 BGB unmittelbar für und gegen den Betreuten.

Beispiel

> Mietet der Betreuer im Rahmen seines Aufgabenkreises für den Betreuten eine Wohnung an, kann der Betreute einerseits alle Mieterrechte selbst wahrnehmen, andererseits ist er auch verpflichtet, die vertraglich vereinbarte Miete zu zahlen.

Der Betreute bleibt neben dem Betreuer grundsätzlich in vollem Umfang handlungsfähig, auch im Bereich des Aufgabenkreises des Betreuers. Bei Geschäftsfähigkeit des Betreuten ist es also durchaus möglich, dass es zu einander widersprechenden Rechtsgeschäften und Willenserklärungen von Betreuer und Betreutem kommt.

Einwilligungsvorbehalt

Diese Gefahr kann dadurch verbindlich ausgeschlossen werden, dass das Gericht für den Betreuten einen Einwilligungsvorbehalt anordnet, § 1903 Abs. 1 S. 1 BGB. Mit einer solchen Anordnung wird natürlich weitergehend in die Rechte des Betroffenen eingegriffen. Daher muss zunächst die begründete Besorgnis bestehen, dass die Teilnahme des Betreuten am Rechtsverkehr mit einer erheblichen Gefahr für seine Person oder sein Vermögen verbunden ist. Durch den Einwilligungsvorbehalt werden die Rechtshandlungen des Betreuten grundsätzlich erst mit Abgabe einer Zustimmungserklärung (Einwilligungserklärung gemäß § 1903 Abs. 1 S. 1 BGB) oder Genehmigung (§§ 1903 Abs. 1 S. 2 i.V.m. 108 BGB) des Betreuers wirksam.

!

Eingeschränkte rechtsgeschäftliche Handlungsfähigkeit

Die Anordnung des Einwilligungsvorbehalts berührt die Geschäftsfähigkeit des Betreuten an sich nicht, weder im Aufgabenbereich des Betreuers noch in Bereichen, für die keine Betreuung besteht. Der Einwilligungsvorbehalt macht die rechtsgeschäftliche Entscheidungsmöglichkeit des Betreuten (zum Beispiel Willenserklärungen bei Vertragsabschluss) von der Zustimmung oder Genehmigung des Betreuers abhängig. Die rechtsgeschäftliche Handlungsfähigkeit des Betreuten entspricht damit im Ergebnis der eingeschränkten Handlungsfähigkeit eines beschränkt Geschäftsfähigen, also derjenigen eines Kinds oder Jugendlichen ab dem siebten Lebensjahr bis zur Volljährigkeit, weshalb gemäß § 1903 Abs. 1 S. 2 auf die §§ 108 bis 113, 131 Abs. 2 Bezug genommen wird.

Beispiel 1

Für Frau A. (81 Jahre) ist eine Betreuung mit den Aufgabenkreisen »Gesundheitssorge« und »Vermögenssorge« eingerichtet. An der Wohnungstür lässt sie sich von einem Vertreter überreden, für ein Jahr eine Zeitschrift zu abonnieren. Ihr Betreuer besteht darauf, den Vertrag zu stornieren.

Zu Recht? Nein. Der Vertrag ist wirksam. Die Betreuung beeinträchtigt nicht die Handlungsfähigkeit. Sofern Frau A. geschäftsfähig ist – wofür in diesem Fall alles zu sprechen scheint –, ist sie zur Einhaltung des Vertrags verpflichtet.

Variante des Beispiels

Im Rahmen der Betreuung wurde auch ein Einwilligungsvorbehalt für den Aufgabenkreis »Vermögenssorge« eingerichtet. Der Betreuer von Frau A. genehmigt den Vertrag nicht.

Kann der Zeitschriftenverlag auf Einhaltung des Vertrags bestehen? Nein. Die Wirksamkeit des von Frau A. geschlossenen Vertrags hängt nunmehr ausschließlich von der Genehmigung ihres Betreuers ab. Da der Vertrag von ihm nicht genehmigt wurde, ist überhaupt kein wirksamer Vertrag zustande gekommen.

! Ein solches Jahresabonnement würde im Übrigen den Rahmen einer »geringfügigen Angelegenheit des täglichen Lebens« im Sinne von § 1903 Abs. 3 S. 2 BGB überschreiten.

Beispiel 2

Heimbewohnerin B. (78 Jahre) verliert auf einem Spaziergang durch ein Missgeschick ihre Lesebrille. Am nächsten Tag begibt sie sich zu ihrem Optiker und kauft eine neue Brille. Für Frau B. besteht eine Betreuung für die Aufgabenkreise »Gesundheitsfürsorge« und »Behördenangelegenheiten«. Ihre Betreuerin ist mit dem Kauf der Brille nicht einverstanden. Sie will sie zurückgeben und das Geld zurückverlangen.

Zu Recht? Nein. Der Vertrag ist wirksam. Die Betreuung ist weder für den Aufgabenkreis »Vermögenssorge« eingerichtet noch besteht für diesen Aufgabenkreis ein Einwilligungsvorbehalt. Wenn Frau B. geschäftsfähig ist, kann sie allein entscheiden, was sie kauft.

Trotz der Anordnung eines Einwilligungsvorbehalts benötigt der Betreute aber dann keine Einwilligung, wenn ihm die Willenserklärung lediglich einen rechtlichen Vorteil bringt bzw. lediglich eine »geringfügige Angelegenheit des täglichen Lebens« betrifft, § 1903 Abs. 3 BGB. (Siehe hierzu auch Kapitel 4, Seite 41 f.)

4. Welche gesetzlichen Grundlagen gibt es?

Änderungen am Betreuungsrecht

Im Lauf der Zeit haben sich die rechtlichen Regelungen teilweise gravierend geändert. Dies betrifft nicht nur den Schritt von der Entmündigung zur Betreuung. Auch mit den auf den folgenden Seiten ausgeführten Änderungen verfolgte der Gesetzgeber bestimmte Zwecke. Dieser in den jeweiligen Vorschriften zum Ausdruck kommende Wille ist in vielen Fällen bis zum heutigen Tag wichtig für die Interpretation der aktuellen Vorschriften. Um das geltende Betreuungsrecht zu verstehen, ist eine Kenntnis der gesetzlichen Grundlagen und ihrer Entwicklung sehr hilfreich.

4.1 Gesetzliche Entwicklung

Betreuungsrecht findet sich im BGB

Das Betreuungsrecht ist im Bürgerlichen Gesetzbuch geregelt, §§ 1896 ff. BGB. Ein einheitliches »Betreuungsgesetz« für die gesamte Materie »Betreuungsrecht« gibt es nicht, obwohl der Begriff im allgemeinen Sprachgebrauch häufig benutzt wird.

1. BtÄndG

Das geltende Betreuungsrecht wurde wiederholt geändert. Mit dem 1. Betreuungsrechtsänderungsgesetz (1. BtÄndG), das am 1. Januar 1999 in Kraft trat, wurden wichtige Modifizierungen des Betreuungsrechts vorgenommen. Der Gesetzgeber stellte

- die Förderung von Vorsorgevollmachten,
- den Grundsatz der ehrenamtlichen Betreuung,
- die Neustrukturierung der Vergütung für berufsmäßig geführte Betreuungen heraus.

Der Gesetzgeber machte zudem deutlich, dass die Betreuung alle diejenigen Tätigkeiten umfasst, die erforderlich sind, um die Angelegenheiten des Betreuten rechtlich zu besorgen.

2. BtÄndG

Vor dem Hintergrund ständig steigender Fallzahlen und entsprechender Kosten kam es zum 2. Betreuungsrechtsänderungsgesetz (2. BtÄndG), das zum 1. Juli 2005 in Kraft trat. Mit diesem Gesetz wurde die Vergütungsstruktur für Berufsbetreuer grundlegend geändert und ferner das Vormünder- und Betreuervergütungsgesetz (VBVG) eingeführt. Die Vergütungen wurden pauschaliert und werden seitdem nicht mehr an dem im jeweiligen Einzelfall erforderlichen Aufwand bemessen. Dadurch soll insgesamt der Vergütungsaufwand (insbesondere der vom Staat zu zahlende) eingespart werden. Mit der gezahlten Pauschale ist in aller Regel der gesamte Aufwand der Betreuung abgedeckt. Dabei wird zwischen mittellosen und vermögenden Betreuten unterschieden. Außerdem ist die Art der Unterkunft entscheidend: Für Heimbewohner erhält der Betreuer eine geringere Vergütung als für Betreute, die eigenständig in einer Wohnung leben.

Neuregelung der Vergütung

3. BtÄndG

Mit dem 3. Betreuungsrechtsänderungsgesetz (3. BtÄndG) vom 18. Juni 2009 wurden die Voraussetzungen von Patientenverfügungen im Gesetz näher bestimmt, ferner die Geltungs- und Bindungswirkung einer Patientenverfügung in allen Stadien einer Erkrankung verbindlich formuliert. Außerdem sieht das Gesetz nunmehr konkrete gesetzliche Regelungen vor, wann besonders schwerwiegende und folgenschwere Entscheidungen eines Betreuers vom Betreuungsgericht genehmigt werden müssen.

Patientenverfügung

Anlass für die Überlegungen des Gesetzgebers war insbesondere die Auffassung des Bundesgerichtshofs (BGH). Er hielt eine gesetzliche Regelung zur vormundschaftsgerichtlichen (jetzt betreuungsgerichtlichen) Prüfungszuständigkeit für das Verlangen eines Betreuers nach Abbruch lebenserhaltender Maßnahmen für wünschenswert.

4.2 Verfahrensrecht

Das für das Betreuungsrecht maßgebliche Verfahrensrecht war bislang im »Gesetz über die Angelegenheiten der freiwilligen Gerichtsbarkeit« (FGG) geregelt. Es wurde durch das am 1. September 2009 in Kraft getretene »Gesetz über das Verfahren in Familiensachen und in den Angelegenheiten der freiwilligen Gerichtsbarkeit« (FamFG) abgelöst.

Neu: das FamFG

Das 3. Buch des FamFG enthält Bestimmungen in Betreuungssachen, §§ 271 ff. FamFG, bzw. in Unterbringungssachen, §§ 312 ff. FamFG. Es handelt sich dabei nicht um eine grundlegende Neuausrichtung des Betreuungsverfahrens. Der bisherige Regelungsgehalt des FGG bleibt erhalten, allerdings ist das Verfahren in Betreuungs- und Unterbringungssachen nunmehr eigenständig geregelt.

Mit diesem Gesetz werden die Aufgaben der bisherigen Vormundschaftsgerichte den sogenannten Betreuungsgerichten (Abteilungen für Betreuungssachen beim Amtsgericht) übertragen. Damit setzt der Gesetzgeber den Weg fort, die Betreuung im oben genannten Sinn auch begrifflich in den Vordergrund zu stellen und Begriffe wie »Vormundschaft«, die auf eine Entrechtung des Betroffenen hindeuten, zu ersetzen.

Ferner hat der Gesetzgeber den Kreis der Beteiligten eines Betreuungsverfahrens neu definiert und enger gefasst, was zur Flexibilität des Verfahrens beitragen soll. Zudem ist gegen die Entscheidungen des Landgerichts über sofortige Beschwerden gegen Entscheidungen des Betreuungsgerichts die zulassungsabhängige Rechtsbeschwerde zum Bundesgerichtshof statthaft.

4.3 Vergütung

Grundsatz des Ehrenamts

Die Betreuung wird nach dem Willen des Gesetzes grundsätzlich als Ehrenamt unentgeltlich geführt, ungeachtet des Anspruchs auf Aufwendungsersatz bzw. pauschale Aufwandsentschädigung.

Grundregelungen zur Bezahlung

Die Grundregelungen über die Bezahlung der ehrenamtlichen und beruflichen Betreuer (Aufwendungsersatz bzw. Aufwandspauschale und Vergütung) ergeben sich aus den §§ 1835 ff. BGB, auf die das Betreuungsrecht gemäß § 1908 i BGB Bezug nimmt. Diese Bestimmungen verweisen wiederum für beruflich tätige Betreuer auf das Vormünder- und Betreuervergütungsgesetz. Im Regelfall erhalten sie ihre Vergütung nach den dort festgelegten Stundensätzen bzw. Stundenansätzen.

4.4 Betreuungsbehörden

Das BtBG

Das Betreuungsbehördengesetz (BtBG) regelt Tätigkeit und Aufgaben der Betreuungsbehörden. Bis zum Inkrafttreten dieses Gesetzes waren für behördliche Aufgaben der Vormundschaft und Pflegschaft für Volljährige in der Regel die Jugendämter zuständig. Danach übernahmen die Betreuungsbehörden zunächst deren bisherige Aufgaben, die wiederum mit dem 1. und 2. BtÄndG erweitert wurden.

5. Zusammenfassung

- Betreuung bedeutet in erster Linie Rechtsfürsorge, also rechtliche Betreuung und nicht tatsächliche karitative Tätigkeit (zum Beispiel tatsächliche Pflegeleistung).
- Die Entmündigung ist seit Einführung des Betreuungsrechts abgeschafft. Durch die Einrichtung einer Betreuung oder die Anordnung eines Einwilligungsvorbehalts wird die Geschäftsfähigkeit des Betreuten grundsätzlich nicht berührt. Der Betreute bleibt handlungsfähig, sofern keine natürliche Geschäftsunfähigkeit besteht.
- Das geltende Betreuungsrecht ist im BGB enthalten. Das Verfahrensrecht ist seit 1. September 2009 neu geregelt durch das FamFG. Das Betreuungsbehördengesetz befasst sich mit den Aufgaben der Betreuungsbehörden, die in der Regel bei den Städten und Kreisen angesiedelt sind.
- Das VBVG enthält unter anderem die Vorschriften über die Vergütung der berufsmäßigen Betreuer.

Kapitel 3
Einzelheiten der Betreuung

Um Sinn und Zweck einer Betreuung zu verstehen, ist es notwendig, die Voraussetzungen einer Betreuung und ihre allgemeingültigen Grundprinzipien zu kennen. Darüber hinaus sind einige grundsätzliche Erläuterungen zur Person des Betreuers hilfreich.

1. Voraussetzungen für die Einrichtung einer Betreuung

Viele Menschen sind unsicher, wann die Einrichtung einer Betreuung überhaupt angebracht ist. Gemäß § 1896 BGB ist die Voraussetzung für die Einrichtung einer Betreuung, dass der Volljährige »aufgrund einer psychischen Krankheit oder einer körperlichen, geistigen oder seelischen Behinderung« seine Angelegenheiten ganz oder teilweise nicht erledigen kann. Die früheren Begriffe »Geisteskrankheit« und »Geistesschwäche« als damalige Voraussetzungen für eine Entmündigung oder Gebrechlichkeitspflegschaft werden vom Gesetzgeber bewusst nicht mehr verwendet.

!

Psychische Krankheiten

Psychische Krankheiten, bei denen eine Betreuung eingerichtet werden kann, sind zum Beispiel:

- körperlich nicht begründbare (endogene) Psychosen,
- körperlich begründbare (exogene) Psychosen (seelische Störungen infolge von Krankheiten oder Verletzungen des Gehirns, infolge von Anfallsleiden oder anderen Krankheiten oder infolge von körperlichen Beeinträchtigungen),
- Abhängigkeitskrankheiten, wenn die Abhängigkeit Symptom einer vorhandenen psychischen Erkrankung ist oder zu einer solchen geführt hat (zum Beispiel drogeninduzierte Psychose); nicht jedoch Alkohol- oder Drogenabhängigkeit als solche ohne Folgeerkrankungen,
- Neurosen und Persönlichkeitsstörungen (Psychopathien).

Geistige Behinderungen

Geistige Behinderungen, die eine Betreuung erforderlich machen können, sind zum Beispiel:

- angeborene oder durch Erkrankung oder Unfall erworbene Intelligenzdefizite verschiedener Schweregrade, also zum Beispiel Imbezillität (angeborener Schwachsinn mittleren Grads), Downsyndrom.

Seelische Behinderungen

Seelische Behinderungen als Voraussetzung für die Einrichtung einer Betreuung sind zum Beispiel:

- bleibende psychische Beeinträchtigungen infolge psychischer Krankheiten,
- Erscheinungen des Altersabbaus; vor allem Altersdemenz stellt häufig einen Anlass für die Einrichtung einer Betreuung dar.

Die genannten Behinderungen können durchaus in verschiedenen Kombinationen und Ausprägungen vorkommen. Entscheidend für die notwendige Einrichtung einer Betreuung ist die festgestellte Beeinträchtigung des Betroffenen.

Körperliche Behinderungen

Körperliche Behinderungen rechtfertigen die Einrichtung einer Betreuung nur, wenn sie die Fähigkeit des Betroffenen, seine Angelegenheiten selbst zu besorgen oder deren Erledigung zu organisieren, auf Dauer erheblich beeinträchtigen. Schwerhörigkeit, extreme Kurzsichtigkeit, Blindheit oder Lähmung verursachen im täglichen Leben sicher große Beeinträchtigungen. Sie hindern den Betroffenen jedoch in der Regel nicht daran, seine (rechtlichen) Angelegenheiten mithilfe eines von ihm beauftragten Bevollmächtigten nach seinem Willen zu regeln.

✓ Der Wille des Betroffenen hat stets Vorrang und besonderes Gewicht. Daher enthält das Gesetz den ausdrücklichen Hinweis, dass gegen den freien Willen des Volljährigen kein Betreuer bestellt werden darf, § 1896 Abs. 1 a BGB. Die Anordnung einer Betreuung ist also grundsätzlich unzulässig, wenn ein Betroffener im Rahmen freier Willensbestimmung nicht damit einverstanden ist. Das gilt auch dann, wenn die Einrichtung der Betreuung für den Betroffenen von außen betrachtet vorteilhaft scheint.

!

Der Staat bzw. das Betreuungsgericht darf also eine Betreuung gegen den Willen des Betroffenen nicht allein deshalb einrichten, weil man dem Betroffenen helfen oder seine Situation erleichtern möchte. Selbst zur Vermeidung für ihn objektiv nachteiliger Geschäfte darf der Wille des Betroffenen nicht übergangen werden. Eine Ausnahme gibt es nur dann, wenn der Betroffene aufgrund einer psychischen Erkrankung, einer geistigen oder seelischen Behinderung in seiner Willensbestimmung beeinträchtigt ist.

Kriterien der freien Willensbestimmung

Zur freien Willensbestimmung im Sinne des Gesetzes gehört die Einsichtsfähigkeit des Betroffenen, also die Fähigkeit, die Bedeutung einer Betreuung intellektuell zu erfassen und die Gesichtspunkte, die für oder gegen die Einrichtung einer Betreuung sprechen, zu erkennen und abzuwägen. Außerdem muss der Betroffene in der Lage sein, nach dieser Einsicht zu handeln. Die Fähigkeit, nach einer gewonnenen Einsicht zu handeln, fehlt beispielsweise, wenn ein Dritter derart auf den Betroffenen einwirkt, dass diesem ein selbstbestimmtes Handeln nicht mehr möglich ist.

Beispiel

Herr A. ist schwer depressiv. Er verlässt sich bei allem, was er unternimmt und entscheidet, auf einen einzigen Bekannten. Dieser gibt sich als sein Freund aus und profitiert von seinem bescheidenen Wohlstand. Ein Arzt rät Herrn A. die Einrichtung einer Betreuung an. Herr A. bespricht dies mit seinem »Freund«, der ihm von einer Betreuung abrät mit der Begründung, er werde sich dann als Freund zurückziehen. Davor hat Herr A. krankheitsbedingt große Angst, weil er glaubt, dann völlig allein dazustehen. Hier wird genau zu prüfen sein, ob Herr A. die angeratene Betreuung tatsächlich aus »freiem Willen« ablehnt.

Fehlt es an Einsichtsfähigkeit bzw. an der Fähigkeit, nach einer gewonnenen Einsicht zu handeln, liegt ein »freier Wille« nicht vor. Die Einrichtung einer Betreuung ist dann grundsätzlich möglich.

Kriterien für die Einrichtung einer Betreuung

Überlegen Sie als Angehöriger genau, ob Sie eine Betreuung anregen, wenn sie nur der Erleichterung des Umgangs mit Rechtsangelegenheiten dienen würde. Sie sollten vielmehr fragen, ob die Wahrnehmung der rechtlichen Angelegenheiten durch Krankheit oder Behinderung beeinträchtigt ist. Dann muss das Gericht klären, ob eine Betreuung dem freien Willen des Betroffenen entsprechen würde. Lässt sich ein freier Wille nicht feststellen, ist vom Gericht zu prüfen, ob eine Beeinträchtigung der Willensbestimmung im oben genannten Sinn vorliegt. Am besten ist es aber, bei solchen Zweifelsfragen zu Vorüberlegungen einen Arzt zu Rate ziehen.

Vorsorgliche Betreuerbestellung bei Minderjährigen

Ist bei einem Minderjährigen absehbar, dass dieser bei Eintritt der Volljährigkeit einer Betreuung bedarf, sieht das Gesetz eine vorsorgliche Betreuerbestellung für Minderjährige vor, § 1908 a BGB. Danach kann auch für einen Minderjährigen, der das 17. Lebensjahr vollendet haben muss, eine Betreuung eingerichtet werden. Diese Maßnahme wird jedoch erst mit dem Eintritt der Volljährigkeit wirksam, § 1908 a S. 2 BGB.

2. Einrichtung einer Betreuung

Liegen krankheitsbedingte Einschränkungen vor, aufgrund derer ein Volljähriger seine Angelegenheiten ganz oder teilweise nicht besorgen kann, bestellt ihm das Betreuungsgericht auf seinen Antrag hin oder von Amts wegen einen Betreuer. Das Gesetz geht davon aus, dass der (volljährige) Betroffene selbst den Wunsch auf Einrichtung der Betreuung äußert. Deshalb kann der Antrag auch von einem geschäftsunfähigen Volljährigen, vgl. § 1896 Abs. 1 S. 2 BGB, gestellt werden. Im Fall einer körperlichen Behinderung des Volljährigen darf ein Betreuer ausschließlich auf Antrag des Betroffenen bestellt werden, es sei denn, dass dieser seinen Willen nicht kundtun kann, vgl. § 1896 Abs. 1 S. 3 BGB.

Andere Personen, wie zum Beispiel Verwandte und Bekannte, aber auch Behörden, Krankenhäuser, Altenheime, Ärzte usw. können beim Gericht eine Betreuung lediglich anregen. Für diesen Fall ist das Gericht von Amts wegen befugt, einen Betreuer zu bestellen, sofern die genannten Voraussetzungen vorliegen.

Anregen einer Betreuung

3. Grundprinzipien der Betreuung

Das Betreuungsrecht ist von bestimmten Grundsätzen maßgeblich geprägt. Im Einzelnen handelt es sich um

- die Erforderlichkeit,
- die Subsidiarität,
- das Ehrenamt,
- die persönliche Betreuung,
- die Selbstbestimmung,
- die Rehabilitation.

Diese Prinzipien sind im Rahmen jedes einzelnen Betreuungsfalls von herausragender Bedeutung. Daher werden die einzelnen Begriffe im Weiteren detailliert erklärt.

3.1 Erforderlichkeitsprinzip

Da eine Betreuung nur in Betracht kommt, soweit der erkrankte Volljährige seine Angelegenheiten nicht selbst besorgen kann, wird der Betreuer lediglich für Aufgabenkreise bestellt, in denen die Betreuung »erforderlich« ist, § 1896 Abs. 2 S. 1 BGB.

Eine Betreuung gilt dann nicht als erforderlich, wenn die Angelegenheiten des Volljährigen durch einen Bevollmächtigten (siehe hierzu Kapitel 5, Seite 57 ff.) erledigt oder durch »andere Hilfen« ebenso gut wie durch einen Betreuer besorgt werden können, § 1896 Abs. 2 S. 2 BGB. »Andere Hilfen« sind zum Beispiel

»Andere Hilfen«

- Familienangehörige,
- Verwandte allgemein,

- Nachbarn,
- aber auch die zur Hilfestellung gesetzlich verpflichteten Behörden, wie zum Beispiel soziale Dienste oder Einrichtungen der Wohlfahrtsverbände.

Müssen allerdings wegen der notwendigen »anderen Hilfen« rechtsgeschäftliche Erklärungen abgegeben werden, zu denen der Betroffene nicht mehr imstande ist, muss eine Betreuung eingerichtet werden, damit der Betreuer als gesetzlicher Vertreter handeln kann.

! Der Betreuer darf nur für die Aufgabenkreise bestellt werden, in denen sich die Notwendigkeit einer Betreuerbestellung ergibt. Nach diesem Grundsatz der Erforderlichkeit verlangt das Gesetz die Festlegung, für welche Aufgabenkreise der Betreuer tätig wird. Der Gesetzgeber hat eine Typisierung der Aufgabenkreise im Gesetz vermieden.

Übliche Aufgabenkreise

Als übliche Aufgabenkreise haben sich folgende herausgebildet:

- Vermögenssorge,
- Gesundheitssorge,
- Aufenthaltsbestimmung,
- Behördenangelegenheiten.

Spezifizierung der Aufgaben

Häufig werden die Aufgaben noch weiter spezifiziert, so zum Beispiel für Wohnungsangelegenheiten, Rentenangelegenheiten, laufende finanzielle Angelegenheiten, Heimangelegenheiten, Erbangelegenheiten. In der Praxis kaum gebräuchlich ist hingegen der Aufgabenkreis der Regelung des Umgangs des Betreuten.

Für jeden einzelnen Aufgabenkreis kann das Gericht zudem entscheiden, dass der jeweilige Betreuer die Post des Betreuten entgegennehmen, öffnen und anhalten darf.

! Eine Selbstverständlichkeit ist, dass für bestimmte persönliche Angelegenheiten, wie zum Beispiel eine Eheschließung, keine Betreuung eingerichtet werden kann.

3.2 Subsidiaritätsprinzip

Vorsorgevollmacht

Nach dem Subsidiaritätsprinzip kommt die Bestellung eines Betreuers nicht infrage, wenn die notwendigen Angelegenheiten für einen betroffenen Menschen durch einen Bevollmächtigten wahrgenommen werden können. Eine solche »Vorsorgevollmacht« bzw. »Vollmacht zur Vorsorge« ermöglicht es dem Vollmachtgeber, frühzeitig eine Person seines Vertrauens zu benennen und für den Krankheitsfall persönliche Wünsche und Bedürfnisse zu artikulieren. Die Vorsorgevollmacht ist im Gesetz nicht besonders geregelt, das Gesetz spricht die Bevollmächtigung lediglich im Rahmen des Subsidiaritätsgrundsatzes an, vgl. § 1896 Abs. 2 S. 2 BGB. (Siehe zu Vorsorgevollmacht, Betreuungsverfügung, Patientenverfügung auch Kapitel 5, Seite 57 ff.)

Zum Grundsatz der Subsidiarität gehört insbesondere, dass eine Betreuung als entbehrlich anzusehen ist, wenn dem Betroffenen die bereits erwähnten »anderen Hilfen« zugänglich sind.

3.3 Grundsatz der persönlichen Betreuung

Persönliche Absprachen

Der Betreuer muss die persönlichen Wünsche und Vorstellungen des Betroffenen achten und respektieren und sie zum Leitfaden seines Handelns machen. Dies erfolgt prinzipiell durch persönliche Absprachen. »Sammelbetreuungen« und »Massenvormundschaften« bzw. »Massenpflegschaften« sollen der Vergangenheit angehören.

Die Tatsache, dass Massenbetreuungen unerwünscht sind, heißt jedoch nicht, dass einzelne Personen nicht mehrere Betreuungen »berufsmäßig« übernehmen dürfen oder dass dabei der Grundsatz der persönlichen Betreuung in den Hintergrund tritt. Die Professionalisierung kann sogar zu einer Verbesserung der Betreuung für den Einzelnen beitragen. Es muss nur darauf geachtet werden, dass keine »Massenabfertigung« eintritt.

3.4 Grundsatz des Ehrenamts

Ehrenamt vor Berufsbetreuung

Ein Berufsbetreuer sollte nur dann bestellt werden, wenn keine andere geeignete Person zur Verfügung steht, die zur ehrenamtlichen Führung der Betreuung bereit ist, § 1897 Abs. 6 S. 1 BGB. In der Tat werden mehr als zwei Drittel aller Betreuungen ehrenamtlich, zum Beispiel durch Verwandte, geführt. Ehrenamtliche Betreuer erfüllen durch ihre persönliche Nähe am ehesten die Anforderung an die Betreuung, krankheitsbedingte Defizite im Lebensalltag auszugleichen.

3.5 Grundsatz der Rehabilitation

Der Betreuer soll alles unternehmen, um die bestehenden Defizite des Betreuten zu minimieren, und ihn dabei unterstützen, die Defizite durch entsprechende Rehabilitation zu beseitigen. Das Gesetz geht von einem weiten Rehabilitationsbegriff aus. Dieser umfasst unter anderem medizinische, psychosoziale und sozialintegrative Leistungen.

Verringerung des Betreuungsbedarfs

Der Betreuer soll letztlich darauf hinwirken, dass sich der Betreuungsbedarf nicht vergrößert, sondern nach Möglichkeit verringert und im Idealfall auf Null reduziert.

Dazu gehört beispielsweise, dass ein Berufsbetreuer in geeigneten Fällen auf Anordnung des Gerichts zu Beginn der Betreuung einen Plan erstellt, in dem er die Ziele der Betreuung und die entsprechenden Maßnahmen darstellt. Leider werden die häufig sehr zeitaufwendigen Maßnahmen zur Rehabilitation, etwa die Motivation des Betreuten zur Eigenerledigung von Alltagsgeschäften oder die Einbeziehung in Behördengänge, in der Regel nicht gesondert vergütet.

Tipp

Auch wenn Sie sich als Angehöriger oder sonstige nahestehende Person nicht in der Lage sehen, eine Betreuung zu übernehmen, können Sie den Betroffenen wirksam unterstützen: So kann beispielsweise die Ordnung der häufig schwierigen finanziellen Situation mithilfe einer professionellen Schuldnerberatung die Fähigkeit des Betroffenen, finanzielle Dinge selbst zu regeln, deutlich verbessern.

3.6 Grundsatz der Selbstbestimmung

Der Grundsatz der Selbstbestimmung besagt schließlich, dass der Wille des Betreuten prinzipiell Vorrang hat, soweit sich der Betreute dadurch ersichtlich nicht selbst schädigt.

4. Persönliche Eignung des Betreuers

Das Gesetz sieht vor, nach Möglichkeit eine einzelne (natürliche) Person als Betreuer auszuwählen, vgl. § 1897 Abs. 1 BGB. In Betracht kommt daher zunächst eine Person, die dem Betroffenen nahesteht und die Betreuung ehrenamtlich führt.

Möglichkeiten der Betreuerbestellung

Nur wenn keine andere geeignete Person zur Verfügung steht, sollte ein selbstständig tätiger Berufsbetreuer bestellt werden, vgl. § 1897 Abs. 6 BGB. Ebenso ist die Bestellung eines Mitarbeiters eines anerkannten Betreuungsvereins bzw. einer in Betreuungsangelegenheiten zuständigen Behörde möglich, vgl. § 1897 Abs. 2 BGB. Gibt es keinen geeigneten Berufsbetreuer, kann auch ein anerkannter Betreuungsverein bzw. die Betreuungsbehörde selbst zum Betreuer bestellt werden, vgl. § 1900 Abs. 1 u. 4 BGB. (Siehe hierzu auch Kapitel 9, Seite 108 f.)

Bestellung mehrerer Betreuer

Gemäß § 1899 Abs. 1 S. 1 BGB kann das Gericht mehrere Betreuer bestellen, wenn die Angelegenheiten des Betreuten hierdurch besser besorgt werden können.

Dies kann in unterschiedlicher Form geschehen:

Gemeinschaftliche Mitbetreuung

1. Es werden **mehrere Betreuer mit demselben Aufgabenkreis** betraut. Diese können die Angelegenheiten des Betreuten nur gemeinsam besorgen. Das betrifft zum Beispiel Eltern, die gemeinsam für ihr (volljähriges) betreuungsbedürftiges Kind sorgen wollen. Die gemeinsame Betreuung kann durch gerichtliche Anordnung aufgehoben werden. Aber auch dann, wenn mit dem Aufschub der zu besorgenden Angelegenheit Gefahr verbunden ist, § 1899 Abs. 3 BGB, kann ein Betreuer allein handeln.

Beispiel

> Die Eltern E. üben gemeinsam die Betreuung für ihre volljährige Tochter aus. Ein Elternteil befindet sich berufsbedingt unerreichbar im Ausland. Die Tochter erkrankt und muss operiert werden. Die hierzu notwendigen Erklärungen/Einwilligungen kann in dieser Situation der anwesende Elternteil allein abgeben.

Die gemeinschaftliche Mitbetreuung hat unter anderem folgende rechtliche Konsequenzen:

- Die Willenserklärungen für den Betreuten müssen von allen Mitbetreuern gemeinsam abgegeben werden; die Willenserklärung nur eines Mitbetreuers ist rechtlich unzureichend und führt daher zum Beispiel bei einer einseitigen Willenserklärung (Kündigung eines Vertragsverhältnisses) zu deren Unwirksamkeit.
- Wenn ein Mitbetreuer seinen Pflichten nicht nachkommt, haften die Mitbetreuer gemeinsam als Gesamtschuldner, §§ 1908 i Abs. 1 S. 1, 1833 Abs. 1 S. 2 BGB.

! Sind für den Aufgabenkreis »Anlegung von Geld« bzw. »Verfügungen über Forderungen und Wertpapiere« mehrere Betreuer bestellt, entfällt die betreuungsgerichtliche Genehmigungspflicht, § 1908 i Abs. 1 S. 1 i.V.m. §§ 1810 S. 2, 1812 Abs. 3 2. HS BGB.

Verteilung der Aufgaben

2. Es werden **mehrere Betreuer für unterschiedliche Angelegenheiten** bestellt. Das Gericht bestimmt, welcher Betreuer mit welchem Aufgabenkreis betraut wird, § 1899 Abs. 1 S. 2 BGB. Oft bringen die Betreuer aufgrund ihrer unterschiedlichen beruflichen Qualifikation eine entsprechende Eignung und Interessen für einen bestimmten Aufgabenkreis mit (zum Beispiel ein Arzt für »Gesundheitssorge« oder ein Dipl.-Kaufmann für »Vermögenssorge«). So können die Angelegenheiten des Betreuten natürlich umso besser besorgt werden, § 1899 Abs. 1 S. 1 BGB.

Ersatzbetreuer

3. Das Gericht bestellt **außer dem (Haupt-)Betreuer auch einen Ersatzbetreuer.** Dieser darf nur tätig werden, wenn der andere verhindert ist, § 1899 Abs. 4 BGB. Die Verhinderung kann rechtlicher Natur sein (wenn zum Bei-

spiel Vertretung kraft Gesetzes oder wegen erheblichen Interessengegensatzes ausgeschlossen ist) oder tatsächlicher Natur (zum Beispiel Erkrankung des Betreuers).

Es ist immer sinnvoll, einen Ersatzbetreuer zu bestellen, damit dem Betreuten im Fall der Verhinderung seines Hauptbetreuers eine rechtlich handlungsfähige Person zur Verfügung steht.

Tipp

Bei Bestellung mehrerer Betreuer muss auf Folgendes geachtet werden:

- Die Bestellung mehrerer Berufsbetreuer kommt im Regelfall nicht in Betracht, § 1899 Abs. 1 S. 3 BGB. Lediglich beim Aufgabenkreis »Sterilisation«, § 1899 Abs. 2 i.V.m. § 1905 BGB, bzw. bei der Bestellung eines Ersatzbetreuers, § 1899 Abs. 4 BGB, können beide Betreuer Berufsbetreuer sein, § 1899 Abs. 1 S. 3 BGB.
- Ein ehrenamtlicher und ein Berufsbetreuer bzw. ein Betreuungsverein können gemeinsam bestellt werden.

Wünsche des Betroffenen haben Vorrang

Schlägt der Volljährige eine Person vor, die zum Betreuer bestellt werden kann, hat das Gericht diesem Vorschlag zu entsprechen, wenn er dem Wohl des Volljährigen nicht zuwiderläuft, vgl. § 1897 Abs. 4 S. 1 BGB. Den Wünschen des Betroffenen kommt bei der Auswahl des Betreuers also große Bedeutung zu. Das Gericht prüft lediglich, ob die fragliche Person auch bereit und geeignet ist, die Aufgabe zu übernehmen.

!

Der Wunsch des Betreuten nach der Bestellung eines bestimmten Betreuers ist keine Willenserklärung im rechtlichen Sinn. Das bedeutet, dass dieser Wunsch auch dann zu berücksichtigen ist, wenn der Betroffene geschäftsunfähig ist. Entscheidend ist, ob es sich um den freien Willen des Betroffenen handelt, das heißt, ob er unabhängig von den Einflüssen Dritter zustande gekommen ist und geäußert wird.

Für den Fall, dass der Betroffene niemanden vorschlagen kann, soll bei der Auswahl des Betreuers auf die verwandtschaftlichen und sonstigen persönlichen Beziehungen, insbesondere auf die Bindungen zu Eltern, Kindern, Ehegatten oder Lebenspartnern, Rücksicht genommen werden. Allerdings muss man gerade hier auf die Gefahr von Interessenkonflikten achten.

! Wer zu einer Anstalt, einem Heim oder einer sonstigen Einrichtung, in der der zu Betreuende untergebracht ist oder wohnt, in einem Abhängigkeitsverhältnis oder in einer anderen engen Beziehung steht, darf gemäß § 1897 Abs. 3 BGB grundsätzlich nicht zum Betreuer bestellt werden.

Verpflichtung zur Übernahme einer Betreuung

Jeder Bürger ist verpflichtet, eine Betreuung zu übernehmen, soweit er hierfür geeignet und die Übernahme zumutbar ist, vgl. § 1898 Abs. 1 BGB. Dennoch ist eine Betreuerbestellung erst dann möglich, wenn die ausgewählte Person sich auch zur Übernahme bereit erklärt hat. Niemand kann zu einer Übernahme des Amts gezwungen werden. Zwangsmittel sind gesetzlich nicht vorgesehen.

5. Fachliche Eignung des Betreuers

Zum Betreuer ist fachlich geeignet, wer fähig ist, die Angelegenheiten des Betroffenen rechtlich zu besorgen. Da die Tätigkeit des Betreuers nach den Vorstellungen des Gesetzgebers ein Ehrenamt ist, sieht das Gesetz letztlich keine berufliche Qualifikation, fachlichen Standards oder berufliche Vorbildung vor. Immerhin wird ein Großteil der Betreuungen ehrenamtlich, und zwar insbesondere von Angehörigen, geführt. Mit Rücksicht auf den Grundsatz des Ehrenamts wird eine fachliche Eignung des Betreuers dann angenommen, wenn er bestimmte, gesetzlich formulierte Pflichten erfüllen kann:

Pflichten des Betreuers

- Er muss die Angelegenheiten zum Wohl des Betroffenen besorgen können, vgl. § 1901 Abs. 2 S. 1 BGB.
- Er hat auf Wünsche und Vorstellungen des Betroffenen einzugehen, vorausgesetzt, dass diese dem Wohl des Betroffenen nicht entgegenstehen und dem Betreuer die Umsetzung zumutbar ist, vgl. § 1901 Abs. 2 S. 2 sowie Abs. 3 S. 1.

- Er hat die Pflicht, im Rahmen des Aufgabenkreises Maßnahmen zur Rehabilitation des Betreuten zu ergreifen, vgl. § 1901 Abs. 4 BGB.
- Er muss in der Lage sein, ein Vermögensverzeichnis zu erstellen, vgl. §§ 1908 i Abs. 1 S. 1, 1802 BGB.
- Er muss Auskunfts- und Berichtspflichten erfüllen können, vgl. §§ 1908 i Abs. 1 S. 1, 1839 bis 1941 BGB.

Keine besondere Qualifikation erforderlich

Aber auch für diese Bereiche ist keine besondere Qualifikation erforderlich, sodass keine fachlichen Mindeststandards oder bestimmte berufliche Vorbildungen erwartet werden. Voraussetzung ist, dass die Bereitschaft besteht, im Bedarfsfall die entsprechenden Fachleute einzuschalten und deren Sachverstand zu nutzen wie auch Unterstützung vom Betreuungsgericht, den Betreuungsvereinen bzw. der Betreuungsbehörde anzunehmen.

!

Viele Menschen, gerade Verwandte und andere nahestehende Personen, scheuen sich, eine Betreuung zu übernehmen, weil sie fürchten, etwas falsch zu machen. Aus den Ausführungen der letzten Seiten können Sie entnehmen, dass das Ehrenamt zwar anspruchsvoll ist, man aber keine Wunderdinge von Ihnen erwartet. Sie müssen keineswegs Jurist, Arzt und Sozialarbeiter in einer Person sein. Mit gesundem Menschenverstand lässt sich vieles lösen. Bedenken Sie einfach, dass Sie das im Interesse des Betreuten tun sollen, was Sie tagtäglich in eigenen Angelegenheiten machen.

✓

Tipp

Ganz wichtig ist, dass Sie die Unterstützung von Fachleuten in Anspruch nehmen können. Nur beispielhaft sei darauf hingewiesen, dass das Betreuungsgericht gesetzlich verpflichtet ist, Betreuer zu beraten und dabei mitzuwirken hat, dass Betreuer in ihre Aufgaben eingeführt werden.

Interessenkollision

Eine Person scheidet als Betreuer aus, wenn gesetzliche Ausschlusstatbestände gegeben sind oder erhebliche Interessenkonflikte bestehen (Interessenkollision).

Ungeachtet der Bereitschaft und der Fähigkeit, die beschriebenen Pflichten zu erfüllen, muss der Betreuer den Betroffenen in seinem Aufgabenbereich persönlich betreuen. Der persönliche Kontakt ist ein wichtiger Teil der Betreuung. Eine »büromäßige« Führung der Betreuung ist grundsätzlich abzulehnen und wird den Anforderungen an das Betreuungsamt nicht gerecht. Der Gesetzgeber hat gerade auch mit der Neuregelung in der Gesetzesbegründung zum 1. BtÄndG vom 1. Januar 1999 deutlich gemacht, dass der Grundsatz der persönlichen, dem Wohl des Betroffenen verpflichteten Betreuung vom Betreuer »insbesondere auch vertrauensbildende Maßnahmen wie etwa Gespräche mit dem Betreuten und ihm zuteil werdende Zuwendung erfordert«. Dieser Grundsatz hat nach wie vor Geltung.

Vertrauensbildende Maßnahmen

6. Entlassung des Betreuers und Bestellung eines anderen Betreuers

Ein Betreuer kann entlassen werden, wenn

- seine Eignung entfallen ist,
- ein wichtiger Grund vorliegt (zum Beispiel eine Erkrankung des Betreuers),
- ihm die Fortführung der Betreuung nicht zugemutet werden kann,
- die zu betreuende Person
  - einen anderen gleich geeigneten und übernahmebereiten Betreuer vorgeschlagen hat oder
  - statt durch einen Berufsbetreuer, einen Betreuungsverein oder eine Betreuungsbehörde durch eine private Person hinreichend betreut werden kann, § 1908 b BGB.

In sämtlichen genannten Fällen ist ein neuer Betreuer zu bestellen, § 1908 c BGB.

Tipp

Sind Sie als Angehöriger bzw. sonstige nahestehende Person eines Betroffenen mit der bestehenden Betreuung durch einen Berufsbetreuer, einen Betreuungsverein oder die Betreuungsbehörde nicht zufrieden, so kann man sicherlich darüber streiten, ob die Voraussetzungen für eine Entlassung vorliegen. Einfacher kann es im Einzelfall sein, zu überlegen, ob eine private Person für die Betreuung in Betracht kommt, mit deren Bestellung der Betreute einverstanden ist. Eine solche Person kann während der laufenden Betreuung durch den Betreuten vorgeschlagen werden und wäre einer Berufsbetreuung vorzuziehen.

7. Erweiterung und Einschränkung der Betreuung

Während einer bestehenden Betreuung kann es nötig werden, die Betreuung zu erweitern, wenn zum Beispiel wegen Verschlechterung des Krankheitsbilds neue Aufgaben hinzukommen. Ebenso kann die Betreuung eingeschränkt werden, wenn der Betreute seine Kompetenz für bestimmte Aufgabenbereiche zurückerlangt hat.

Mitteilung an das Betreuungsgericht

Werden dem Betreuer solche Umstände bekannt, die eine Aufhebung der Betreuung, eine Einschränkung oder Erweiterung der Aufgabenkreise bzw. die Bestellung eines weiteren Betreuers oder die Anordnung eines Einwilligungsvorbehalts erfordern, muss er dies dem Betreuungsgericht mitteilen, § 1901 Abs. 5 BGB.

Kapitel 4
Die Aufgabenkreise im Einzelnen

✓

Wie bereits erwähnt, übernimmt ein Betreuer in der Regel nicht sämtliche Angelegenheiten des Betreuten. Von Fall zu Fall wird entschieden, für welche Bereiche ein Betroffener Betreuung braucht und in welchen er weiterhin selbstständig handeln kann. Der Betreuer hat die Aufgabe, den Betreuten in den ihm zugewiesenen Aufgabenkreisen zu vertreten, § 1902 BGB, und zwar gerichtlich und außergerichtlich, § 1896 Abs. 2 S. 1 i.V.m. § 1902 BGB. Die Betreuungsarbeit umfasst alle Tätigkeiten, die erforderlich sind, um die Angelegenheiten des Betreuten rechtlich zu besorgen, § 1901 Abs. 1 BGB.

1. Allgemein: Geschäftsfähigkeit und Einwilligungsvorbehalt

Geschäftsfähigkeit trotz Betreuung

Die Einrichtung der Betreuung hat keinen Einfluss auf die Geschäftsfähigkeit des Betroffenen. Er kann also, sofern keine krankheitsbedingte Geschäftsunfähigkeit besteht, grundsätzlich allein rechtsgeschäftlich handeln. Dies gilt sowohl für Bereiche, für die ein Betreuer bestellt wurde, als auch für Bereiche, in denen keine Betreuung eingerichtet wurde.

Beispiel

Herr K. (81 Jahre) leidet unter beginnender Demenz. Für ihn ist eine Betreuung eingerichtet, die die Aufgabenkreise »Wohnungsangelegenheiten« und »Aufenthaltsbestimmung« umfasst. Für den Aufgabenkreis »Wohnungsangelegenheiten« besteht ein Einwilligungsvorbehalt. Herr K. kommt mit seinem Arzt nicht mehr zurecht und möchte zu einem anderen Arzt wechseln. Sein Betreuer widerspricht einem Wechsel.

Zu Recht? Nein. Mit Ausnahme des Aufgabenkreises »Wohnungsangelegenheiten«, für den ein Einwilligungsvorbehalt besteht, bleibt Herr K. in vollem Umfang handlungsfähig. Er kann sich von dem Arzt seiner Wahl behandeln lassen.

Überlassung rechtsgeschäftlicher Handlungen

Der Betreuer kann dem Betreuten in seinem Aufgabenkreis zur Wahrung der Selbstständigkeit bestimmte rechtsgeschäftliche Handlungen überlassen. Er muss aber sicherstellen, dass der Betreute dabei nicht geschädigt wird. Der Betreuer sollte also entsprechende Kontrollen durchführen. Für entstehende Vermögensschäden des Betreuten durch (eigene) mangelhafte Erledigung bestimmter Aufgaben innerhalb seines Aufgabenkreises, haftet der Betreuer.

!

Der Betreuer haftet aber nicht grundsätzlich für das Verhalten des Betreuten. Dies gilt sowohl für dessen tatsächliches als auch für dessen rechtsgeschäftliches Verhalten. Der Betreuer haftet vielmehr, wenn er die ihm übertragenen und von ihm übernommenen Aufgaben nicht ordnungsgemäß erfüllt. Dabei kann er natürlich nicht verhindern, dass der Betreute selbst Handlungen vornimmt, oder gar unterbinden, dass der Betreute Kontakt zur Außenwelt hat. Erkennt der Betreuer jedoch, dass dem Betreuten beispielsweise durch permanente Bestellungen Schäden drohen, muss er einen Einwilligungsvorbehalt bei Gericht anregen.

»Geschäfte des täglichen Lebens«

Auch wenn der Betreute geschäftsunfähig ist, kann er »Geschäfte des täglichen Lebens« tätigen, vorausgesetzt, es handelt sich um ein Geschäft, das mit geringwertigen Mitteln bewirkt wird. Was als alltägliches Geschäft in diesem Sinn anzusehen ist, richtet sich nach der allgemeinen Verkehrsauffassung.

Beispiel

> Ein geschäftsunfähiger Betreuter kann aus seinen Taschengeldmitteln zum baldigen Verzehr bestimmte Nahrungs- oder Genussmittel, kosmetische Artikel oder Zeitschriften erwerben. Auch Fahrten mit öffentlichen Verkehrsmitteln oder Kinobesuche zählen zu den »Geschäften des täglichen Lebens«.

Ein solches Geschäft ist wirksam, sobald Leistung und Gegenleistung erbracht worden sind. Dies gilt jedoch nicht, wenn das Geschäft mit einer erheblichen Gefahr für die Person oder das Vermögen des geschäftsunfähigen Betreuten verbunden ist, § 105 a BGB.

Einwilligungsvorbehalt bei Gefahr der Selbstschädigung

Auch wenn ein Einwilligungsvorbehalt angeordnet ist, bedarf eine geringfügige Angelegenheit des täglichen Lebens keiner Einwilligung des Betreuers. Allerdings kann das Gericht anordnen, dass der Einwilligungsvorbehalt auch dann gilt, wenn zum Beispiel der Betreute sich durch das Geschäft konkret schädigen würde (etwa wenn ein Alkoholkranker Alkoholika kaufen möchte).

Weiterhin gilt für geschäftsunfähige Betreute mit oder ohne Einwilligungsvorbehalt, dass sie rechtsgültige Entscheidungen dann treffen können, wenn die Willenserklärung lediglich einen rechtlichen Vorteil bringt, vgl. § 1903 Abs. 3 S. 1 BGB. Dies ist allerdings nur sehr selten der Fall und bedarf daher in diesem Rahmen keiner weiteren Erläuterung.

Im Übrigen sind Rechtsgeschäfte geschäftsunfähiger Volljähriger, gleichgültig, ob für sie eine Betreuung eingerichtet ist oder nicht, grundsätzlich nichtig.

! Ein Einwilligungsvorbehalt kann sich grundsätzlich nicht auf Willenserklärungen beziehen, die gerichtet sind auf

- eine Eheschließung bzw. die Begründung einer Lebensgemeinschaft,
- Verfügungen von Todes wegen,
- auf bestimmte Willenserklärungen, zu denen ein beschränkt Geschäftsfähiger nicht der Zustimmung seines gesetzlichen Vertreters bedarf (zum Beispiel Anfechtung der Vaterschaft), § 1903 Abs. 2 BGB.

2. Vermögenssorge

Sämtliche finanziellen Angelegenheiten

Dieser Aufgabenkreis umfasst alle finanziellen Angelegenheiten. Dazu gehören zum Beispiel die Begleichung von Rechnungen, die Zahlung von Miete oder Heimpflegekosten, die Kontoführung, die Geltendmachung von Forderungen und öffentlichen Leistungen, das Stellen von Sozialleistungsanträgen, die Verwaltung von Bankguthaben und Vermögen aller Art, der Verkauf von Immobilien (allerdings nur mit gerichtlicher Genehmigung).

Der mit der Vermögenssorge betraute Betreuer hat einige Pflichten: Zum Beispiel muss er ein Vermögensverzeichnis erstellen, Rechnung legen, den Grundsatz der wirtschaftlichen Verwaltung des Betreutenvermögens beachten, bei Geldgeschäften eine Genehmigung des Gerichts einholen, bei Grundstücksgeschäften die umfangreichen gerichtlichen Genehmigungserfordernisse beachten.

Im Rahmen der zu regelnden Vermögenssorge und der hierzu gehörigen Angelegenheiten unterliegt der Betreuer grundsätzlich der Aufsicht des Betreuungsgerichts. In wichtigen Bereichen bestimmt das Gesetz, dass eine konkrete Genehmigung des Gerichts erforderlich ist, vgl. zum Beispiel § 1908 i Abs. 1 i.V.m. §§ 1803 bis 1824 BGB.

Tipp

Diese Verpflichtung klingt deutlich komplizierter, als sie tatsächlich ist. Lassen Sie sich dadurch nicht abschrecken, falls Sie die Übernahme einer Betreuung erwägen. Konkret bedeutet diese Bestimmung zum Beispiel: Wenn Sie als Betreuer für den Betreuten eine Bürgschaft unterschreiben wollen, sein Haus verkaufen möchten oder beabsichtigen, für den Betreuten eine Erbschaft auszuschlagen, erkundigen Sie sich am besten einfach beim Betreuungsgericht, ob und inwieweit eine Genehmigungspflicht für das vorzunehmende Rechtsgeschäft besteht.

Vermögensverzeichnis

Jeder Betreuer muss ein Vermögensverzeichnis, § 1802 BGB, erstellen, dessen Stichtag (also der Beginn der fraglichen Feststellungen) der Zeitpunkt der Betreuerbestellung ist. Stichtag ist also in der Regel der Tag der Zustellung des Beschlusses über die Bestellung an den Betreuer.

In der Regel erhält der Betreuer vom Gericht ein Formular für das Vermögensverzeichnis, auf dem der Stichtag einzutragen ist. Nachdem der Betreuer das Vermögensverzeichnis eingereicht hat, legt das Gericht das Rechnungsjahr fest. Auch für die Rechnungslegung kann ein Formular verwendet werden.

Inhalt des Vermögensverzeichnisses

Im Vermögensverzeichnis muss der Betreuer das vorhandene Vermögen angeben, also zum Beispiel sämtliche Aktiva, Verbindlichkeiten wie auch Einkommen, §§ 1908 i, 1802 BGB. Gemeint sind etwa

- Grundvermögen, Bank- und Sparguthaben jeglicher Art, Bargeld, Wertpapiere, Sparverträge, Schmuck, Wohnungseinrichtung, Kunstgegenstände;
- Schulden gegenüber Privatpersonen, Verbindlichkeiten gegenüber Banken, Kreditinstituten, Finanzamt;
- Arbeitseinkommen, Rente, Sozialhilfe, Leistungen der Pflegeversicherungen.

Sämtliche Positionen müssen nachgewiesen und belegt werden (zum Beispiel durch Kontoauszüge, Rentenbescheide und Ähnliches). Die Rechnungslegung erfolgt regelmäßig, mindestens einmal jährlich, § 1840 BGB. Belege sind beizufügen (zum Beispiel Depotauszüge, Sparbücher in Kopie usw.).

Tipp Für sämtliche Bereiche ist das Betreuungsgericht zu Auskünften bereit und im Rahmen seiner Beratungsaufgaben auch verpflichtet.

! Nahe Angehörige des Betreuten (Vater, Mutter, Ehegatte, Lebenspartner, Abkömmlinge) als Betreuer sind von der laufenden Rechnungslegung befreit, es sei denn, das Gericht ordnet die Rechnungslegung ausdrücklich an, vgl. §§ 1908 i Abs. 2 S. 2, 1857 a i.V.m. §§ 1852 Abs. 2, 1853, 1854 BGB. Auch als naher Angehöriger sind Sie allerdings verpflichtet, mindestens alle zwei Jahre eine Bestandsaufstellung des Vermögens bei Gericht einzureichen, nach (möglicher) anderweitiger Anordnung des Gerichts in fünfjährigem Abstand, § 1854 Abs. 2 BGB.

✓ An diese Vermögensübersicht werden weitaus geringere Anforderungen gestellt als an die jährliche Rechnungslegung nach § 1840 BGB. Diese Übersicht muss keine Zu- und Abgänge enthalten und es sind auch keine Belege vorzulegen. Es müssen allerdings Angaben über das einzelne Aktiv- und Passivvermögen gemacht werden.

Die Verpflichtung des Betreuers, dem Betreuungsgericht einmal jährlich einen Bericht über die persönlichen Verhältnisse des Betreuten vorzulegen, § 1840 Abs. 1 BGB, bleibt – zum Schutz des Betreuten und zur Aufsichtsführung des Betreuungsgerichts – auch bei nahen Angehörigen bestehen.

Geldanlage

Bei der Geldanlage muss der Betreuer beachten, dass er das Vermögen des Betreuten wirtschaftlich verwaltet. Geld, das nicht für laufende Ausgaben benötigt wird, sollte er verzinslich und mündelsicher anlegen (zum Beispiel bei Stadtsparkassen oder Volksbanken), §§ 1806 ff. BGB.

Sperrvermerk

Das Geld sollte in der Regel so angelegt werden, dass es nur mit der Genehmigung des Betreuungsgerichts abgehoben werden kann (Sperrvermerk), § 1809 BGB. Von der Beschränkung (Anlage mit Sperrvermerk) sind nahe Angehörige des Betreuten wiederum befreit, § 1892 Abs. 2 BGB. Für diesen Kreis der Betreuer gilt die Befreiung auch für Verfügungen über Forderungen und andere Rechte des Mündels, §§ 1812, 1852 Abs. 2 BGB. Damit sind Abhebungen vom Konto des Mündels, auch soweit es Wertgeldpapiere oder Festgeld betrifft, und selbst bei höheren Beträgen, genehmigungsfrei.

Grundstücksgeschäfte

Grundstücksgeschäfte, § 1821 BGB, – insbesondere zwischen Betreuer und Betreutem (!) –, aber auch »sonstige Geschäfte«, § 1822 BGB, müssen grundsätzlich vom Gericht genehmigt werden.

Genehmigungspflichtig in diesem Sinn sind zum Beispiel:

- Verkauf/Kauf eines Hausgrundstücks,
- Bestellung von Grundschulden und Hypotheken,
- Erbausschlagungen, Erbauseinandersetzungen,
- Kreditaufnahme (einschließlich Überziehung des Girokontos!),
- Arbeitsverträge,
- Mietverträge mit einer Dauer von mehr als vier Jahren.

Ob hierzu auch die Kündigung von Pflegeheimverträgen zählt, wird unterschiedlich beurteilt. Das können Sie beim zuständigen Betreuungsgericht erfragen.

Schlussbericht

Wird die Betreuung beendet, hat der Betreuer grundsätzlich Rechnung zu legen (Schlussbericht), § 1890 BGB. Eine Befreiung ist in diesem Fall – ungeachtet einer Entlastungserklärung des neuen Betreuers bzw. der Erben, §§ 1890 ff. BGB – gesetzlich nicht vorgesehen. Endet die Betreuung mit dem Tod des Betreuten, ist der Betreuer zur entsprechenden Benachrichtigung der Angehörigen und des Gerichts sowie zur Regelung unaufschiebbarer Maßnahmen (zum Beispiel Abwicklung aller dringlichen Geschäfte) verpflichtet.

Girokonto: Aufhebung der Genehmigungspflicht

Am 1. September 2009 trat die Anpassung der gerichtlichen Genehmigungspflichten bei der Verwaltung des Girokontos des Betreuten in Kraft. Seitdem kann der Betreuer über das Vermögen des Betreuten auf einem Girokonto genehmigungsfrei verfügen, Neufassung des § 1813 Abs. 1 Nr. 3 BGB. Die gerichtliche Genehmigungspflicht galt auch bisher zum Beispiel nicht für nahe Angehörige (Vater, Mutter, Ehegatte, Abkömmlinge des Betreuten, Lebenspartner), vgl. § 1908 i Abs. 2 S. 2 BGB i.V.m. §§ 1852 Abs. 2, 1857 a BGB. Sie führte aber zum Beispiel bei beruflich tätigen Betreuern zu unnötigem Verwaltungsaufwand und verhinderte häufig die Teilnahme am automatisierten Zahlungs- bzw. Kontoverkehr.

Der Betreuer muss weiterhin Rechnung legen und Kontobelege einreichen. Der Betreute bleibt also auch mit der Neuregelung geschützt.

! Soweit die Regelung von Wohnungsangelegenheiten als Teil der Vermögenssorge angesehen wird, ist insbesondere darauf zu achten, dass Kündigung bzw. Aufgabe von Wohnraum des Betreuten sowie Mietverträge, soweit sie für länger als vier Jahre abgeschlossen werden, der Genehmigungspflicht des Gerichts unterliegen.

Der Aufgabenkreis »Vermögenssorge« umfasst also nach überwiegender Auffassung die Regelung aller laufenden finanziellen Angelegenheiten. Die weitere Unterscheidung zwischen »Vermögenssorge« und »laufenden finanziellen Angelegenheiten« ist deshalb im Normalfall nicht mehr üblich. Die Notwendigkeit der Unterscheidung kann sich allerdings dann ergeben, wenn durch entsprechende Bevollmächtigungen bereits teilweise Regelungen bestehen.

3. Gesundheitssorge

Zum Aufgabenkreis »Gesundheitssorge« gehören Entscheidungen über ärztliche Untersuchungen, Eingriffe und Heilbehandlungen. Der Betreuer ist berechtigt und verpflichtet, in sämtliche Maßnahmen zur Untersuchung des Gesundheitszustands sowie zur Regelung der Einzelheiten bei einer ambulanten oder stationären Pflege einzuwilligen.

Der behandelnde Arzt ist gegenüber dem Betreuer nur bei Übertragung dieses Aufgabenkreises nicht an seine Schweigepflicht gebunden.

Einwilligungsfähigkeit des Patienten

Es ist notwendig, hervorzuheben, dass auch ein Patient, der einen Betreuer hat, nur selbst die Einwilligung in ärztliche Maßnahmen erteilen kann – sofern er einwilligungsfähig ist. Das setzt voraus, dass er Art, Bedeutung und Tragweite der beabsichtigten Maßnahme erfassen und seinen Willen entsprechend bestimmen kann (sogenannte natürliche Einsichtsfähigkeit). Der Betreuer muss klären, ob der Betreute in der konkreten Situation in der Lage ist, hinsichtlich der anstehenden Behandlung seinen Willen zu artikulieren. Dabei ist es möglich, dass die Einwilligungsfähigkeit des Betroffenen zum selben Zeitpunkt für eine Heilmaßnahme gegeben ist, da er deren Art und Bedeutung versteht, für eine andere Maßnahme jedoch nicht, weil er deren Tragweite nicht erkennen kann.

Beispiel

Hat der Betreute Schmerzen, wird er einer ärztlichen Behandlung eher zustimmen, weil er dadurch schmerzfrei wird. Für sinnvolle Vorsorgemaßnahmen, die ihm unangenehm sind, wird er aber möglicherweise kein Verständnis haben und nicht zustimmen.

Erst wenn feststeht, dass der Betreute nicht einwilligungsfähig ist, hat der Betreuer nach ärztlicher Aufklärung darüber zu entscheiden, ob er in die medizinische Maßnahme einwilligt.

Beispiel

Frau R. (82 Jahre) ist im Altenheim schwer gestürzt. Sie ist nicht mehr geschäftsfähig. Aufgrund des Sturzes muss sie operiert werden, was möglicherweise gravierende Folgen nach sich ziehen wird. Die Operation birgt zudem im Hinblick auf das Alter von Frau R. Risiken. Die Betreuerin, die unter anderem für die Aufgabenkreise »Gesundheitssorge« und »Vermögenssorge« bestellt ist, befindet sich in Urlaub und ist nicht erreichbar.

Was ist zu tun? Für die nicht mehr einwilligungsfähige Frau R. müsste deren Betreuerin die verbindlichen Erklärungen gegenüber dem behandelnden Arzt abgeben. Da die Betreuerin nicht erreichbar ist, wird das Betreuungsgericht (vormals »Vormundschaftsgericht«) gemäß § 1908 i i.V.m. § 1846 BGB die notwendigen Entscheidungen im Rahmen einer einstweiligen Anordnung anstelle der Betreuerin treffen.

!

Auch wenn der Betreute Art, Bedeutung und Tragweite einer beabsichtigten Maßnahme aktuell nicht mehr erfassen kann, so ist sein Wille aus der Vergangenheit bedeutend. Insbesondere sind dabei Wünsche des Betreuten, zum Beispiel sofern sie in einer Betreuungsverfügung oder in einer Patientenverfügung niedergelegt sind, zu beachten. (Siehe hierzu auch Kapitel 5, Seite 62 ff.)

Besteht nachweislich die Gefahr, dass der Betreute aufgrund der Maßnahme stirbt oder einen schweren und länger andauernden gesundheitlichen Schaden erleidet, ist gemäß § 1904 Abs. 1 BGB zusätzlich zur Einwilligung des Betreuers die Genehmigung des Betreuungsgerichts einzuholen. In Eilfällen, wenn also mit dem Aufschub der Maßnahme Gefahr verbunden wäre, besteht jedoch keine vorherige Genehmigungspflicht, vgl. § 1904 Abs. 1 S. 2 BGB.

Keine vorherige Genehmigungspflicht in Eilfällen

!

Die Nichteinwilligung oder der Widerruf der Einwilligung des Betreuers in eine Untersuchung des Gesundheitszustands, eine Heilbehandlung oder einen ärztlichen Eingriff bedarf ebenfalls der Genehmigung des Betreuungsgerichts, wenn die Maßnahme medizinisch angezeigt ist und nachweislich die Gefahr besteht, dass der Betreute aufgrund des Unterbleibens oder des Abbruchs der Maßnahme stirbt oder einen schweren und länger andauernden gesundheitlichen Schaden erleidet, vgl. § 1904 Abs. 2 BGB.

Gerichtliche Prüfung einer Betreuerentscheidung

Das Gericht muss die Entscheidung des Betreuers über Einwilligung, Nichteinwilligung oder Widerruf der Einwilligung zum Schutz des Betreuten dahin gehend prüfen, ob sie tatsächlich dem ermittelten individuell-mutmaßlichen Patientenwillen entspricht. Ist dies der Fall, ist die Genehmigung zu erteilen.

Das Gericht muss vor allem Folgendes berücksichtigen (§ 1901 a Abs. 2 BGB):

- frühere mündliche oder schriftliche Äußerungen des Betreuten,
- ethische oder religiöse Überzeugungen,
- sonstige persönliche Wertvorstellungen des Betreuten.

!

Eine solche Genehmigung, also eine Genehmigung für die Fälle des § 1904 Abs. 1 und Abs. 2 BGB, ist jedoch nicht erforderlich, wenn zwischen Betreuer und behandelndem Arzt Einvernehmen darüber besteht, dass die Erteilung, die Nichterteilung oder der Widerruf der Einwilligung dem nach § 1901 a BGB festgestellten Willen des Betreuten entspricht, vgl. § 1904 Abs. 4 BGB.

Eine Entscheidung des Betreuungsgerichts wird also zwingend notwendig, wenn zwischen dem Betreuer und dem Arzt, der bestimmte Maßnahmen medizinisch für indiziert hält, über die Erteilung, die Nichterteilung oder den Widerruf der Einwilligung unterschiedliche Auffassungen bestehen.

Sie sehen, dass Ihre Wünsche für Sie selbst hinsichtlich einer Behandlung oder auch Nichtbehandlung nicht erfüllt werden, wenn Sie nicht in »guten Zeiten« Vorsorge für »schlechte Zeiten« treffen. Selbst wenn der Betreuer vermutet, dass Sie eine bestimmte Behandlung ablehnen, so wird er sich damit nicht durchsetzen können, wenn das Betreuungsgericht nicht von Ihrem entsprechenden Willen überzeugt werden kann (siehe hierzu auch Kapitel 5 zur Patientenverfügung, Seite 64 ff.).

Sterilisation

Für eine Sterilisation gilt eine besondere gesetzliche Regelung, vgl. § 1905 BGB. Diese bedarf einer ausdrücklichen Genehmigung durch das Betreuungsgericht, die nur unter streng definierten Voraussetzungen möglich ist.

Weitere genehmigungspflichtige Angelegenheiten

Eine Genehmigungspflicht durch das Betreuungsgesetz gilt im Übrigen auch für andere besonders wichtige Angelegenheiten, zum Beispiel bei der geschlossenen Unterbringung bzw. bei unterbringungsähnlichen Maßnahmen wie zum Beispiel der Fixierung altersverwirrter Menschen durch Bauchgurt, vgl. § 1906 Abs. 1 und Abs. 4 BGB. In diesem Zusammenhang bedarf es allerdings der weiteren Übertragung des Aufgabenbereichs »Aufenthaltsbestimmung« (siehe hierzu auf den folgenden Seiten und in Kapitel 6, Seite 83 ff.).

Die Unterbringung des Betreuten in einer geschlossenen Einrichtung (zum Beispiel in einem psychiatrischen Krankenhaus) oder in einer geschlossenen Abteilung eines Krankenhauses oder Altenheims ist gemäß § 1906 Abs. 1 BGB nur zulässig, wenn bei dem Betreuten die Gefahr einer erheblichen gesundheitlichen Selbstschädigung oder der Selbsttötung besteht oder wenn ohne die Unterbringung eine notwendige ärztliche Maßnahme nicht durchgeführt werden kann. Der Betreuer benötigt zu der von ihm veranlassten Unterbringung die betreuungsgerichtliche

Genehmigung. Soweit eine Unterbringung des Betreuten notwendig erscheint, weil dieser dritte Personen gefährdet, kommt eine Unterbringung nach betreuungsrechtlichen Vorschriften nicht in Betracht, sondern lediglich nach den Unterbringungsgesetzen der einzelnen Bundesländer. Im Einzelfall entscheiden die zuständigen Behörden und Gerichte. Die Unterbringung ist zu beenden, wenn die Voraussetzungen weggefallen sind.

Unterbringung bei Gefährdung Dritter

Soll der Betreute außerhalb einer geschlossenen Unterbringung durch mechanische Vorrichtungen, Medikamente oder auf andere Weise über einen längeren Zeitraum oder regelmäßig in seiner Freiheit eingeschränkt werden, bedarf es ebenfalls einer gerichtlichen Genehmigung, vgl. § 1906 Abs. 4 BGB. Man spricht dabei von »unterbringungsähnlichen Maßnahmen«. Als solche kommen unter anderem in Betracht: Bauchgurt (im Bett oder am Stuhl), Sichern der Arme und Beine, Verschließen des Zimmers, soweit die Öffnung auf Wunsch des Betreuten nicht jederzeit gewährleistet ist, Bettgitter oder Medikamente, soweit der Betreute dadurch gezielt ruhiggestellt wird, wenn er sich ansonsten selbst gefährden würde. Ist die Ruhigstellung lediglich die Nebenwirkung eines zu Heilzwecken gereichten Medikaments, bedarf es keiner zusätzlichen Genehmigung. (Siehe hierzu auch Kapitel 6, Seite 90 ff.)

Unterbringungsähnliche Maßnahmen

!

4. Aufenthaltsbestimmung

Bei diesem Aufgabenkreis hat der Betreuer die Berechtigung, zu entscheiden, wo sich der Betreute aufhält (zum Beispiel im Krankenhaus). Dieser Aufgabenkreis wird in aller Regel nur zusammen mit anderen übertragen, also dann, wenn mit der weiteren Entscheidung auch der neue Lebensmittelpunkt des Betreuten zu regeln ist. Soweit der Aufgabenkreis mit dem der Vermögenssorge übertragen wird, ist der Betreuer zum Beispiel berechtigt, auch über die Anmietung und Kündigung einer Wohnung bzw. über Rechte und Pflichten aus dem Mietvertrag oder über die Haushaltsauflösung zu entscheiden.

!

! Zur Kündigung von Wohnraum des Betreuten ist die Genehmigung des Gerichts erforderlich. Außerdem müssen Sie als Betreuer Mitteilungspflichten gegenüber dem Gericht beachten, vgl. § 1907 Abs. 1 BGB. Der Betreuer ist in diesem Zusammenhang berechtigt, einen Heimvertrag abzuschließen.

5. Behördenangelegenheiten

Vertretung bei öffentlichen Institutionen

Der Aufgabenkreis »Behördenangelegenheiten« ermächtigt den Betreuer, den Betreuten bei Behörden, Renten- und Sozialleistungsträgern sowie anderen öffentlichen Institutionen zu vertreten. Dazu gehört auch die Vertretung bei Gerichten und zwar sowohl in zivilen als auch in strafrechtlichen Angelegenheiten. Schließlich ist der Betreuer auch berechtigt, Anwälte oder entsprechend geeignete Personen zu bevollmächtigen, wenn besondere fachliche Hilfe nötig ist.

6. Regelung des Umgangs

Der Aufgabenkreis »Regelung des Umgangs« wird selten eingerichtet, obwohl er durchaus praktische Bedeutung hat. Dieser Aufgabenkreis betrifft die Regelung des Umgangs des Betroffenen zum Beispiel mit Verwandten, Freunden, Eltern und Kindern, § 1908 i Abs. 1 S. 1 i.V.m. § 1632 Abs. 1 bis 3 BGB.

Schutz vor psychischen Belastungen

Voraussetzung ist die Feststellung, dass der Betroffene aus gesundheitlichen Gründen vor den Besuchen oder Telefonanrufen bestimmter Personen geschützt werden muss. Gerade bei Streitigkeiten über die Betreuung im Verwandtenkreis bzw. bei Streitigkeiten innerhalb der Verwandtschaft selbst kann es zu psychischen Belastungen des Betreuten kommen, die sich negativ auf seine gesundheitliche Situation auswirken, ohne dass er selbst in der Lage wäre, auf die Besuche oder ihren Verlauf Einfluss zu nehmen.

Gestaltung von Besuchen

In diesen Fällen besteht die Aufgabe des Betreuers darin, zum Beispiel die Besuche zu gestalten. Der verfassungsrechtliche Schutz der Familie gemäß Art. 6 Abs. 1 Grundgesetz (GG) und der Verhältnismäßigkeitsgrundsatz müssen dabei gewahrt bleiben. Es ist wiederum Aufgabe des Betreuungsgerichts, zum Beispiel im Fall von Streitigkeiten zwischen Familienangehörigen und Betreuer über Anzahl und Dauer der Besuche, angemessene Lösungen zu finden, die im Sinne des Betreuten sind, § 1908 i Abs. 1 S. 1 i.V.m. § 1632 Abs. 3 BGB.

7. Alle Angelegenheiten

Besorgung sämtlicher Angelegenheiten durch einen Betreuer

Die umfassendste Form der Betreuung wird mit dem Aufgabenkreis »alle Angelegenheiten« erfasst. Diese Ausnahmeregelung tritt in Kraft, wenn der Betreute keinerlei Aufgaben selbst besorgen kann und auch bei der Bewältigung seines Alltags vollständig auf fremde Hilfe angewiesen ist. Allein dieser Aufgabenkreis wird im Gesetz, und zwar auch nur im Verfahrensrecht, genannt, vgl. § 309 FamFG (bzw. § 69 l FGG a.F.). Bei diesem Aufgabenkreis entfällt sogar das Wahlrecht des Betreuten.

8. Weitere Spezifizierungen

Wenn bei einzelnen Aufgabenkreisen weitere Spezifizierungen erfolgen, zum Beispiel »Rentenangelegenheiten« im Verhältnis zu »Behördenangelegenheiten«, »Heimangelegenheiten« im Verhältnis zu »Vermögenssorge«, »Unterbringung« oder »freiheitsentziehende Maßnahmen« im Verhältnis zu »Aufenthaltsbestimmung« oder »laufende finanzielle Angelegenheiten« im Verhältnis zu »Vermögenssorge«, beruht dies häufig auch darauf, dass aufgrund einer erteilten Vollmacht nur noch ein Teilausschnitt eines Aufgabenkreises regelungsbedürftig ist. Zudem bestehen teils unterschiedliche Auffassungen über den konkreten Inhalt der Aufgaben eines Aufgabenbereichs, was rechtlich aber unproblematisch ist. Im Aufgabenkreis »Vermögenssorge« zum Beispiel wird es vielfach so gehandhabt, dass der Betreuer auch die Berechtigung hat, laufende finanzi-

Regelung eines Teilbereichs

elle Angelegenheiten zu regeln, ohne dass ein Aufgabenkreis »finanzielle Angelegenheiten« eingerichtet wurde.

9. Entgegennahme, Öffnen und Anhalten der Post

Gerichtliche Anordnung unbedingt erforderlich

Der Betreuer darf die Post des Betreuten nur dann entgegennehmen, öffnen oder anhalten, wenn das Gericht dies ausdrücklich angeordnet hat. Immerhin handelt es sich hierbei um einen Eingriff in das Post- und Fernmeldegeheimnis und beeinträchtigt damit das allgemeine Persönlichkeitsrecht erheblich, vgl. Art. 2 und Art. 10 GG. Voraussetzung für die gerichtliche Genehmigung ist, dass der Betreuer seine Aufgaben sonst nicht in der gebotenen Weise erfüllen könnte und hierdurch wesentliche Rechtsgüter des Betroffenen im Rahmen des fraglichen Aufgabenbereichs erheblich gefährdet oder beeinträchtigt würden. Dies ist dann der Fall, wenn der Betreute seine Post inhaltlich nicht erfassen und somit nicht ordnungsgemäß bearbeiten oder gar weiterleiten und der Betreuer deshalb seinen Aufgaben nicht hinreichend nachkommen kann.

Beispiel

Herr S. (76 Jahre), pensionierter Beamter, hat wegen häufig wechselnden Gesundheitszustands eine Betreuung für die Bereiche »Vermögenssorge«, »Gesundheitssorge« und »Aufenthaltsbestimmungsrecht«. Er öffnet seine Post selbst und liest sie sorgfältig. Ab und zu verlegt er seine Briefe. Seine Betreuerin untersagt ihm deshalb, die Post entgegenzunehmen und zu öffnen.

Zu Recht? Nein. Solange keine konkrete gerichtliche Anordnung besteht, dass die Betreuung für bestimmte Aufgabenbereiche auch die Aufgabe »Entgegennehmen und Öffnen der Post« umfasst, behält Herr S. die alleinige Befugnis, seine Post entgegenzunehmen, zu öffnen und zu lesen.

10. Ausschluss der Betreuung

Höchst persönliche Angelegenheiten

Eine Betreuung kommt nur dann in Betracht, wenn eine Vertretung überhaupt möglich ist. In bestimmten höchst persönlichen Angelegenheiten ist eine Betreuung ausgeschlossen, da der Betreute hier nur selbst handeln darf. Das betrifft folgende Fälle:

- Eheschließung (für einen geschäftsunfähigen Betreuten kann aber ein Betreuer für den Aufgabenkreis »Ehescheidung« bestellt werden, § 125 Abs. 2 FamFG),
- Bestimmung des Ehe- oder Kindsnamens,
- Annahme als Kind,
- elterliche Sorge,
- Abfassen einer Patientenverfügung,
- Kirchenaustritt oder Wahl der Religion.

11. Kontrollbetreuer

Kontrolle des Bevollmächtigten

Als Aufgabenkreis kann auch die Geltendmachung von Rechten des Betreuten gegenüber seinem Bevollmächtigten bestimmt werden, § 1896 Abs. 3 BGB. Man spricht hier von einem »Kontrollbetreuer«. Dessen Aufgabe besteht darin, im Fall einer wirksam erteilten Vollmacht die Tätigkeit des Bevollmächtigten zu überwachen, sofern hierfür konkreter Bedarf besteht. Dies kann sich zum Beispiel dann ergeben, wenn

- hinreichende Verdachtsmomente auftreten, dass der Bevollmächtigte unredlich ist,
- sich Zweifel bezüglich seiner Fähigkeiten ergeben,
- der Umfang bzw. besondere Schwierigkeiten bei den Aufgaben eine Überwachung erfordern.

12. Gegenbetreuer

In der Praxis wird selten die Möglichkeit genutzt, einen Gegenbetreuer zu bestellen, § 1908 i Abs. 1 i.V.m. § 1792 Abs. 2 BGB. Aufgabe eines Gegenbetreuers ist die Kontrolle des Betreuers, §§ 1908 i Abs. 1, 1799 BGB. Die Be-

Kontrolle des Betreuers nur bei Vermögensverwaltung

stellung eines Gegenbetreuers kommt – nach Ausübung von pflichtgemäßem Ermessen durch das Betreuungsgericht – nur in Betracht, wenn mit der Betreuung eine Vermögensverwaltung verbunden ist, §§ 1908 i Abs. 1, 1792 Abs. 2 BGB. In erster Linie ist also an eine Gegenbetreuung bei einer Betreuung mit Vermögenssorge gedacht.

Der Gegenbetreuer hat keine eigenständigen Vertretungs- oder Verwaltungsrechte, auch nicht im Notfall. Er wirkt letztlich neben dem Betreuungsgericht an der Beaufsichtigung des Betreuers mit. Er wird vergütet wie ein Betreuer, je nachdem, ob er ehrenamtlich oder beruflich tätig ist.

Die Aufsicht des Gegenbetreuers kann bestehen in

- der notwendigen Genehmigung von Geschäften, zum Beispiel bei Verfügungen über Forderungen und Wertpapiere des Betreuten, § 1908 i i.V.m. § 1812 Abs. 1 BGB, bzw. der Anlage von Geld, §§ 1908 i, 1806, 1807 BGB,
- der notwendigen Anhörung, zum Beispiel vor gerichtlicher Genehmigung von Rechtsgeschäften durch das Betreuungsgericht, §§ 1908 i Abs. 1, 1826 BGB,
- notwendigen Überprüfungen, zum Beispiel der jährlichen Rechnungslegung bzw. der Schlussrechnung, § 1908 i i.V.m. §§ 1840 Abs. 2, Abs. 3, 1842, 1890, 1891 Abs. 1 BGB.

Der Gegenbetreuer unterliegt seinerseits der Aufsicht des Betreuungsgerichts und hat diesem jederzeit Auskunft zu erteilen, §§ 1908 i, 1839 BGB.

Kapitel 5
Wann ist eine Betreuung entbehrlich?

Vorsorge treffen!

Jeder kann in eine Lage geraten, in der er für sich selbst oder einen Angehörigen für den ein oder anderen Aufgabenkreis einen Betreuer bestellen muss. Denn die Ursachen – Unfall, Krankheit oder Altersabbau – können jeden treffen. Da eine solche Situation nicht kalkulierbar ist, ist es sinnvoll, im Vorfeld Entscheidungen zu treffen, die eine Betreuung überflüssig machen oder – wenn sie nicht vermeidbar ist – zumindest bestimmen, in welcher Weise sie erfolgen soll. Eines unserer höchsten (Rechts-)Güter ist das Recht, unser Leben selbstbestimmt zu gestalten. Wer möchte, dass die Selbstbestimmung für sein eigenes Leben auch dann berücksichtigt wird, wenn er nicht mehr in der Lage ist, einen entsprechenden Willen zu bilden, zu äußern oder zu vertreten, der sollte entsprechende Vorsorge treffen.

Recht auf selbstbestimmtes Leben

Dabei gibt es verschiedene Möglichkeiten. In der öffentlichen und privaten Diskussion ist eine Vielzahl von Begriffen im Umlauf, was die Sache nicht erleichtert. »Vollmacht«, »Generalvollmacht« oder »Patientenverfügung« beschreiben unterschiedliche rechtliche Dinge. Es ist wichtig, dass Sie genau verstehen, worum es sich dabei im Einzelnen handelt. Nur so können Sie oder Ihnen Nahestehende entscheiden, unter welchen Voraussetzungen und in welcher Beziehung die spätere Durchsetzung Ihres Willens gewährleistet ist.

1. Vorsorgevollmacht

Die Bestellung eines Betreuers kommt solange nicht in Betracht, wie die notwendigen Angelegenheiten für einen betroffenen Menschen durch einen Bevollmächtigten wahrgenommen werden können. Im allgemeinen Zivilrecht, dem Bürgerlichen Gesetzbuch (BGB), gibt es einige allgemeine Vorschriften zur Vollmacht bzw. Bevollmächtigung. Speziell im Hinblick auf die Betreuung spricht das Gesetz die Bevollmächtigung lediglich in Zusammenhang mit dem Subsidiaritätsgrundsatz an, § 1896 Abs. 2 S. 2 BGB. Diese Form der Bevollmächtigung nennt man »Vorsorgevollmacht«. Sie ist im Gesetz nicht gesondert geregelt.

Ist eine solche Vollmacht wirksam und besteht diese fort, kommt die Einrichtung einer Betreuung nicht in Betracht.

Dass die Möglichkeit der Vollmacht (zur Vermeidung einer späteren Betreuung) – immer noch – zu wenig genutzt wird, hat der Gesetzgeber durch die versteckte, unauffällige Regelung im Gesetz, § 1896 Abs. 2 S. 3 BGB, mitverursacht.

Junge Menschen glauben oft, eine Betreuung – und somit auch die sie vermeidende Vorsorgevollmacht – seien Rechtsinstitute für das (hohe) Alter. Dies trifft jedoch keineswegs zu. Krankheit und Unfall können jeden, und zwar zu jeder Zeit, in jedem Alter und völlig unerwartet, in die schwierige Lage versetzen, wichtige Angelegenheiten nicht mehr eigenverantwortlich entscheiden zu können.

Bevor Sie eine Vollmacht erteilen, sollten Sie sich zum Beispiel folgende Fragen stellen:

Wer kommt als Bevollmächtigter infrage?

- Wer ist bereit und in der Lage, für mich zu handeln und zu entscheiden?
- Wen halte ich für vertrauenswürdig, meine Wünsche und meinen Willen umzusetzen?
- Wer kann meine finanziellen Angelegenheiten verantwortungsvoll regeln?
- Wer wird meine ärztliche Versorgung sicherstellen, dafür sorgen, dass ich zu Hause bleiben kann, und gegebenenfalls nötige ambulante Hilfen organisieren – oder eben die Entscheidung treffen, dass ich in einem Alten- oder Pflegeheim besser betreut werden kann?
- Wer soll in Abstimmung mit meinem mutmaßlichen oder festgelegten Willen die Entscheidung in meiner letzten Lebensphase treffen?

Vielleicht sind es insbesondere die letzten Fragen, die viele davon abhalten, sich mit den Themen Betreuung und Vollmacht auseinanderzusetzen. Sicher hoffen viele, dass die Angehörigen – Kinder und Ehegatte – schon helfen werden. Dies wird zweifellos in vielen Fällen auch so sein. Und wenn Sie ehrlich zu sich sind: Wissen Sie selbst so genau, welche Entscheidungen Sie sich für unterschiedliche Situationen wünschen? Wenn Sie sich informiert und darüber nachgedacht haben: Kennen die Ihnen nahestehenden Personen Ihre Wünsche wirklich ganz genau?

Selbst wenn den Ihnen nahestehenden Personen Ihre Wünsche und Vorstellungen bekannt sind: Das genügt nicht. Rechtsverbindlich entscheiden und Sie vertreten können diese Personen nur aufgrund der gerichtlichen Bestellung als Betreuer oder aufgrund einer rechtsgeschäftlichen Bevollmächtigung. Sie sollten also für den Vorsorgefall – gleich welcher Art – unbedingt eine Bevollmächtigung, genannt »Vollmacht zur Vorsorge« oder »Vorsorgevollmacht«, erteilen. Nur so können Sie sicherstellen, dass Ihre Vorstellungen und Wünsche berücksichtigt werden.

Freie Handhabung der Vollmacht

Die Vorsorgevollmacht kann ihren Zweck grundsätzlich nur dann erfüllen, wenn sie im Rechtsverkehr, also im Außenverhältnis, frei von Bedingungen gehandhabt werden kann. »Im Außenverhältnis« bedeutet in diesem Zusammenhang gegenüber jedermann, das heißt gegenüber Ärzten, Vermietern, Banken, Behörden usw. Viele Vollmachtgeber möchten die Vollmacht gern so beschränken, dass sie nur dann zum Einsatz kommt, wenn sie selbst nicht mehr handeln können. Gern würden sie eine entsprechende Bedingung in die Vollmacht hineinschreiben. Ist in der Vollmacht jedoch enthalten, diese werde für den Fall erteilt, dass der Vollmachtgeber aufgrund von Krankheit oder sonstigen Umständen nicht mehr in der Lage ist, selbst zu handeln, ist das alles andere als eindeutig. Im Fall der Fälle kann es zweifelhaft sein oder angezweifelt werden, ob diese Bedingung erfüllt ist. Wie soll der Bevollmächtigte dann das Vorliegen dieser Voraussetzung nachweisen? Die Bedingung, dass nur im Fall von Unfall,

Beschränkung kann zu Schwierigkeiten führen

Krankheit oder Behinderung des Vollmachtgebers von der Vollmacht Gebrauch gemacht werden darf, sollte deshalb lediglich im Innenverhältnis zum Bevollmächtigten ausdrücklich oder stillschweigend Voraussetzung sein. In der Vollmacht selbst sollte diese Bedingung nicht erwähnt werden.

Tipp Vordrucke für eine Vorsorgevollmacht zum Herunterladen und/oder Ausdrucken finden Sie im Internet unter www.bundesjustizministerium.net > Service > Publikationen > Betreuungsrecht.

In bestimmten wichtigen Vorsorgefällen muss die schriftliche Vollmacht die Befugnisse ausdrücklich bezeichnen. Dies gilt zum Beispiel für die Einwilligung in eine geschlossene Unterbringung oder in freiheitsbeschränkende Maßnahmen oder auch die Zustimmung zu einer mit Lebensgefahr verbundenen medizinischen Heilbehandlung wie einer Gehirnoperation, vgl. §§ 1904 Abs. 5, 1906 Abs. 5 BGB. Hier genügt eine sogenannte Generalvollmacht (»Vertretung in allen Angelegenheiten«) nicht. Darüber hinaus müssen sämtliche vorgenannte Maßnahmen gerichtlich genehmigt werden.

Es ist sinnvoll, dass Sie Ihre Vollmacht notariell beurkunden lassen, auch wenn das nicht zwingend vorgeschrieben ist. Aber nur dann ist der Bevollmächtigte berechtigt, Grundstücke zu erwerben oder zu veräußern oder auch Darlehensverträge abzuschließen. Außerdem können Sie so spätere Zweifel an der Wirksamkeit der Vollmacht vermeiden und dem Bevollmächtigten eine allgemein akzeptierte Legitimation verschaffen.

Tipp In jedem Fall sollten Sie Ihre Vollmacht schriftlich abfassen, da nur eine schriftliche Vollmacht aussage- und beweiskräftig ist. Sie müssen die Vollmacht nicht handschriftlich niederlegen, aber eigenhändig (unter Angabe von Ort und Datum) unterschreiben.

Wirkung über den Tod hinaus

Die Vollmacht wirkt über den Tod des Vollmachtgebers hinaus. Damit ist der Bevollmächtigte auch weiterhin vertretungsberechtigt. Seine Erklärungen binden dann die Erben des Nachlasses. Diese können die Vollmacht widerrufen und von dem Bevollmächtigten Rechenschaft verlangen.

Mehrere Bevollmächtigte

Auch bei der Erteilung einer Vollmacht können Sie für verschiedene Aufgabenbereiche unterschiedliche, also mehrere Bevollmächtigte einsetzen bzw. einen Ersatzbevollmächtigten bestimmen. Dann entsteht beim Ausfall des (Haupt-)Bevollmächtigten aufgrund von Krankheit, Urlaub oder beruflichen Gründen kein Problem.

Das Zentrale Vorsorgeregister

Für jede Vollmacht – gleichgültig, ob privatschriftlich oder notariell beurkundet – hat der Gesetzgeber das sogenannte Zentrale Vorsorgeregister geschaffen, das seit dem 31. Juli 2004 von der Bundesnotarkammer gemäß § 78 a–c Bundesnotarordnung (BNotO) geführt wird. In dieses Register werden Angaben über Vollmachtgeber, Bevollmächtigte, die Vollmacht und deren Inhalt aufgenommen, vgl. § 78 a BNotO. Die Vollmacht selbst wird nicht im Vorsorgeregister verwahrt. Der Datenschutz ist dadurch gesichert, dass ausschließlich die Betreuungsgerichte, die über die Anordnung einer Betreuung zu entscheiden haben, die Daten einsehen können.

Tipp

Weitere Informationen finden Sie im Internet unter www.zvr-online.de. Die Eintragung können Sie selbst unter www.vorsorgeregister.de vornehmen. Für die Registrierung der Vollmacht fällt bei Eintragung (ebenso bei Änderung, Ergänzung oder Löschung eines Antrags) eines Bevollmächtigten eine Gebühr von 15,50 Euro an, bei jedem weiteren Bevollmächtigten weitere 2,50 Euro. Diese Beträge differieren geringfügig je nach Art der Zahlung und der Meldung.

Tipp

Ihre Daten werden automatisiert weiterverarbeitet. Schriftliche Anträge, zum Beispiel die allgemein erhältlichen Datenformulare für den »Antrag auf Eintragung einer Vorsorgevollmacht« bzw. den »Antrag auf Entsagung weiterer Bevollmächtigter«, schicken Sie an die Bundeskammer, – Zentrales Vorsorgeregister –, Postfach 08 01 51, 10001 Berlin.

2. Betreuungsverfügung

Wünsche bezüglich Betreuer und Betreuung

Die Betreuungsverfügung ist eine schriftliche »vorsorgende Verfügung« für den Betreuungsfall. In einer solchen Verfügung können Sie für den Fall eines Betreuungsverfahrens festhalten, wen Sie gern zum Betreuer bestellt hätten. Auch bestimmte Wünsche in Bezug auf die Betreuung können Sie hier formulieren.

Anders als der Bevollmächtigte unterliegt der vom Betroffenen ausgewählte, jedoch vom Betreuungsgericht noch zu bestellende Betreuer der gerichtlichen Überwachung. Es kann jedoch für einen Bevollmächtigten vom Gericht ein Kontrollbetreuer zur Überwachung bestellt werden, wenn hierzu Anlass besteht (siehe hierzu auch Kapitel 4, Seite 55).

Beachtung des natürlichen Willens

Grundsätzlich hat das Gericht die Vorschläge des Verfügenden zu beachten, wenn sie seinem Wohl nicht zuwiderlaufen. Der in der Betreuungsverfügung niedergelegte Wille ist für den Betreuer genauso bindend wie aktuell geäußerte Wünsche. Der natürliche Wille des Betreuten, der nicht zwingend geschäftsfähig sein muss, ist zu beachten. Wurde ein Wunsch vom Betroffenen erkennbar aufgegeben oder kann die Erfüllung eines Wunschs dem Betreuer nicht zugemutet werden, muss dieser Vorschlag nicht umgesetzt werden.

Prinzipiell muss bei den Vorschlägen des Betreuten unterschieden werden, ob sie positive Vorgaben oder negative Vorgaben enthalten: Positive Vorgaben – also zum Beispiel eine bestimmte Person zum Betreuer zu bestellen – sind grundsätzlich bindend, soweit sie nicht dem Wohl des Betreuten zuwiderlaufen. Somit entfällt jedes Auswahlermessen, vgl. § 1897 Abs. 4 S. 1 BGB. Auf negative Vorschläge – zum Beispiel ablehnende Wünsche – soll das Gericht lediglich »Rücksicht nehmen«, vgl. § 1897 Abs. 4 S. 2 BGB.

Wenn Sie eine bestimmte Person ausdrücklich nicht zum Betreuer bestellt haben wollen, folgt das Gericht einem solchen Wunsch in der Regel. Anderenfalls könnte das gewünschte und erforderliche Vertrauensverhältnis zwischen Betreuer und Betreutem ja kaum hergestellt werden.

Beide Regelungen sind also ein weiterer Beleg für den Vorrang des freien Willens des Betreuten.

Die Betreuungsverfügung berechtigt im Gegensatz zur Vollmacht nicht zur Vertretung bei Rechtsgeschäften. Sie legt lediglich für den Fall der Betreuung Wünsche fest, weil eben keine Vollmacht erteilt wurde und deshalb ein Betreuer bestellt werden muss.

Mögliche Regelungswünsche

Der Inhalt der Betreuungsverfügung kann vielfältig sein und zum Beispiel folgende Regelungswünsche enthalten:

- Verbrauch des Vermögens für bestimmte festgelegte Zwecke,
- Beibehaltung von Spenden für bestimmte Hilfsorganisationen und Anlässe (etwa Naturkatastrophen),
- konkrete Wohn- und Versorgungswünsche in bestimmten Pflegesituationen.

Sie sollten die Betreuungsverfügung zu Beweiszwecken schriftlich abfassen und unter Angabe von Ort und Datum eigenhändig unterschreiben.

Tipp

Vordrucke für eine Betreuungsverfügung zum Herunterladen und/oder Ausdrucken finden Sie im Internet unter www.bundesjustizministerium.net > Service > Publikationen > Betreuungsrecht.

Betreuungsverfügung ist immer sinnvoll

Ob eher eine Betreuungsverfügung oder eine Vollmacht oder beides sinnvoll ist, richtet sich im Einzelfall danach, ob ein entsprechender Bevollmächtigter zur Verfügung steht. In diesem Fall wird die Vollmacht den Vorzug verdienen. Aber selbst dann ist eine Betreuungsverfügung keineswegs unnötig oder überflüssig. Der Betreute kann darin für den Ausfall des Bevollmächtigten (Notwendigkeit einer Kontrollbetreuung) Wünsche hinsichtlich der Betreuungsperson äußern sowie darüber hinaus seine allgemeinen persönlichen Bedürfnisse zur Gestaltung seiner Versorgung verbindlich ausdrücken.

Tipp

Durch das am 14. Mai 2009 verabschiedete Gesetz über die Änderung des Zugewinnausgleichs- und Vormundschaftsrechts, das am 1. September 2009 in Kraft trat, können nun auch Betreuungsverfügungen, die nicht mit einer Vorsorgevollmacht verbunden sind, gegen Gebühren in das Zentrale Vorsorgeregister eingetragen werden (siehe hierzu in diesem Kapitel, Seite 61).

Steht kein Bevollmächtigter zur Verfügung, kann durch die Betreuungsverfügung zumindest hinreichend klar umrissen werden, wer als Betreuer in Betracht zu ziehen ist bzw. wer nicht das Vertrauen des Betreuten genießt.

3. Patientenverfügung

Ausschluss konkreter Behandlungsmethoden

Viele Menschen befürchten angesichts der Fortschritte der sogenannten Intensivmedizin, dass sie bei ihrem natürlichen Sterbevorgang zum Gegenstand ungewollter ärztlicher Hilfsmaßnahmen werden. Andere möchten in Zusammenhang mit bestimmten Erkrankungen konkrete Behandlungsmethoden ausschließen. Da man zum Zeitpunkt einer solchen Behandlung häufig außerstande ist, seinen Willen, der möglicherweise dem des Arztes entgegensteht, rechtsverbindlich zu artikulieren, versuchen viele Menschen, mithilfe einer sogenannten Patientenverfügung ihrem Willen Ausdruck zu verleihen.

Wie bereits erwähnt, scheuen gerade junge Menschen, sich mit diesem Thema auseinanderzusetzen. Krankheit oder gar Sterben scheinen in weiter Zukunft zu liegen. Doch eins muss unmissverständlich gesagt werden: Nur derjenige, der seinen Willen in der notwendigen Form rechtzeitig festlegt, hat eine verlässliche Chance, auch diese Phase seines Lebens selbst zu gestalten. Die entsprechende Form hierfür ist spätestens seit der jüngsten gesetzgeberischen Entscheidung die Patientenverfügung.

3.1 Grundsätze

Mit einer Patientenverfügung können Sie für den Fall einer späteren Einwilligungsunfähigkeit festlegen, mit welchen ärztlichen Maßnahmen Sie im Zustand der Entscheidungsunfähigkeit einverstanden sind.

Mutmaßlicher Patientenwille

Die Patientenverfügung richtet sich an den Arzt. Dieser muss – sofern sich der Patient nicht mehr selbst äußern kann bzw. kein Betreuer oder Bevollmächtigter bestellt ist und auch keine Patientenverfügung besteht – den Patienten nach dessen »mutmaßlichem Willen« behandeln.

Kann sich der Betroffene nicht mehr rechtswirksam äußern und liegt keine wirksame Patientenverfügung vor, so wird der Arzt wahrscheinlich davon ausgehen, dass der »mutmaßliche Wille« des Patienten dahin geht, mit allen zur Verfügung stehenden Mitteln behandelt zu werden und jegliche lebensverlängernde Maßnahme in Anspruch zu nehmen. Natürlich möchte sich kein Arzt dem Vorwurf der unterlassenen Hilfeleistung aussetzen. Oft fordern gerade die nahen Angehörigen eine maximal lebensverlängernde Behandlung, zum Beispiel weil sie das Unvermeidliche noch nicht akzeptieren können. Durch eine Patientenverfügung können Sie sicherstellen, dass der Arzt so handeln kann und darf, wie Sie es sich wünschen.

Patientenverfügung als Behandlungsgrundlage

Genaugenommen geht es in einer solchen Situation bei der Berücksichtigung des »mutmaßlichen Willens« letztlich um die »mutmaßliche Einwilligung« des betroffenen Patienten in die vom Arzt (beabsichtigte) ärztliche Behandlung. Formal juristisch stellt nahezu jede ärztliche Maßnahme eine Körperverletzung dar: Das Legen einer Magensonde, durch die Nahrung zugeführt wird, beeinträchtigt beispielsweise zweifelsohne die körperliche Unversehrtheit des Betroffenen. Solche Eingriffe sind grundsätzlich nur mit Einwilligung des Betroffenen zulässig. Jeder weiß, dass auch der voll geschäftsfähige Patient vor einer Operation in den Eingriff einwilligen muss. In diesem Zusammenhang stellt sich also die Frage, wie sich der Patient unter den gegebenen Umständen konkret entscheiden würde, mit anderen Worten, ob er in die ärztliche Maßnahme bzw. den ärztlichen Eingriff einwilligen würde oder nicht.

Tipp

Der »mutmaßliche Wille« ist für jede ärztliche Behandlung maßgebend, wenn sich der Patient hierzu nicht mehr selbst äußern kann. Am besten, Sie denken in Zusammenhang mit der Errichtung einer Patientenverfügung zugleich über die Erteilung einer Vollmacht nach. So können Sie regeln, wer im gegebenen Fall in die ärztliche Behandlung – nach entsprechender ärztlicher Beratung! – einwilligt bzw. wer zur Auslegung und Durchsetzung der Patientenverfügung heranzuziehen ist.

Neuregelungen seit 1. September 2009

Nach jahrelanger Diskussion und einer Reihe von parlamentarischen Beratungen hat der Gesetzgeber am 18. Juni 2009 mehrere Gesetzentwürfe zur gesetzlichen Verankerung der Patientenverfügung abschließend beraten und in namentlicher Abstimmung mit großer Mehrheit ein 3. Gesetzes zur Änderung des Betreuungsrechts verabschiedet, das zum 1. September 2009 in Kraft trat. Mit diesem Gesetz wurden die Verbindlichkeit von Patientenverfügungen im Einzelnen geregelt. Außerdem wurden wichtige Klarstellungen vorgenommen, die den Umgang mit Patientenverfügungen für alle Beteiligten (Ärzteschaft, Patienten, Betreuer/Bevollmächtigte und Betreuungsgericht) konkret festlegen (siehe hierzu auch in diesem Kapitel, Seite 75 ff.).

Bereits vor diesen neuen gesetzlichen Regelungen war die Verbindlichkeit von Patientenverfügungen, jedenfalls in kritischen Krankheitssituationen – insbesondere in der letzten Lebensphase –, unstrittig.

Maßgebliche Entscheidungen des BGH

So hatte der Bundesgerichtshof (BGH) in zwei wichtigen Entscheidungen, die auch in dem zuvor erwähnten Gesetzgebungsverfahren große Bedeutung hatten, ausgeführt, dass ein im einwilligungsfähigen Zustand ausgeübtes Selbstbestimmungsrecht (zum Beispiel durch Patientenverfügung) auch dann zu respektieren ist, wenn der Verfügende zu einer eigenverantwortlichen Entscheidung später nicht mehr in der Lage ist.

Auf den ersten Blick könnte man meinen, dass die genannten und im Weiteren dargestellten Entscheidungen des BGH jedenfalls durch die neue Gesetzgebung zur

Patientenverfügung überholt sind. Ungeachtet dessen haben diese Entscheidungen weiterhin eine vielfältige und hohe Bedeutung. Zum einen zeigen sie, welche Geschichte die jetzigen gesetzlichen Regelungen haben und in welchem Spannungsfeld sie sich befinden. Ferner verdeutlichen sie, welche Grenzen bei den ärztlichen Behandlungen nicht überschritten werden durften. Somit sind sie für die Interpretation des jetzt geltenden Rechts von wesentlicher Bedeutung.

Aus diesem Grund sollen zwei grundlegende Entscheidungen des BGH zumindest in ihren Grundzügen dargestellt werden, wegen ihrer Bedeutung sind die Beschlüsse mit Sachverhalt und gekürzten Begründungen im Anhang abgedruckt (siehe Seite 110 ff.).

1. **Beschluss des Bundesgerichtshofs vom 17. März 2003** (vgl. BGH, Az.: XII ZB 203, veröffentlicht in BGHZ 154, S. 205–230 bzw. FamRZ 2003, S. 748–755).

Diese Entscheidung enthält grundlegende Ausführungen zur erforderlichen Einwilligung des Betroffenen in eine Behandlung bzw. einen Eingriff in seine körperliche Unversehrtheit (durch künstliche Ernährung), zur Sterbehilfe, zur Bedeutung eines einmal geäußerten Willens (Patientenverfügung), zum mutmaßlichen Willen, zur Aufgabe des Betreuers hinsichtlich der Entscheidung über lebenswichtige Behandlungen sowie zur notwendigen Genehmigung bzw. Kontrolle durch das ehemalige Vormundschaftsgericht, heute Betreuungsgericht.

Die Entscheidung hat folgende Leitsätze:

Selbstbestimmungsrecht respektieren

- Ist ein Patient einwilligungsunfähig und hat sein Grundleiden einen irreversiblen, tödlichen Verlauf angenommen, so müssen lebenserhaltende oder -verlängernde Maßnahmen unterbleiben, wenn dies seinem zuvor – etwa in Form einer Patientenverfügung – geäußerten Willen entspricht. Dies folgt aus der Würde des Menschen, die es gebietet, sein im einwilligungsfähigen Zustand ausgeübtes Selbstbestimmungsrecht auch dann noch zu respektieren, wenn er zu eigenverantwortlichem Entscheiden nicht mehr in der Lage ist. Nur wenn ein solcher erklärter Wille des Patienten nicht festgestellt werden kann, ist die Zulässigkeit solcher Maßnahmen nach dem mutmaßlichen Willen des Patienten zu beurteilen, der dann individuell – auch aus dessen Lebensentscheidungen, Wertvorstellungen und Überzeugungen – zu ermitteln ist.

- Ist für einen Patienten ein Betreuer bestellt, so hat dieser dem Patientenwillen gegenüber Arzt und Pflegepersonal in eigener rechtlicher Verantwortung und nach Maßgabe des § 1901 BGB Ausdruck und Geltung zu verschaffen. Seine Einwilligung in eine ärztlicherseits angebotene lebenserhaltende oder -verlängernde Behandlung kann der Betreuer jedoch nur mit Zustimmung des Vormundschaftsgerichts (heute Betreuungsgericht) wirksam verweigern. (...)

Einwilligung in lebenserhaltende Maßnahmen

Der Bundesgerichtshof stellt zunächst klar, dass auch lebenserhaltende Maßnahmen nach den Regeln der ärztlichen Kunst der Einwilligung des Patienten bedürfen, wenn sie einen Eingriff in die körperliche Integrität des Patienten darstellen. In dem hier entschiedenen Fall galt dies sowohl für das Legen als auch für die Beibehaltung einer Magensonde zur künstlichen Ernährung.

!

In der Entscheidung wird mit einer zentralen Aussage klargestellt, dass der einmal geäußerte Wille eines Patienten grundsätzlich auch dann weiter bindend ist, wenn der Betroffene in der entsprechenden Situation nicht mehr einwilligungsfähig (oder verweigerungsfähig) ist. Dies gilt selbstverständlich nur dann, wenn ein entsprechender Wille nicht zuvor widerrufen wurde. Wenn ein entsprechender Wille geäußert wurde, ist für eine Erforschung eines »mutmaßlichen Willens« kein Raum!

Vorrang der Willensäußerung

Der Vorrang eines einmal geäußerten und nicht widerrufenen Willens gilt weiter. Als Willensäußerung gilt sowohl die Patientenverfügung als auch (in guten Zeiten) unmittelbar dem Arzt gegenüber geäußerte Wünsche.

Sie sollten bei der Erstellung einer Patientenverfügung darauf achten, dass die darin niedergelegten Wünsche nicht dem widersprechen, was Sie beispielsweise gegenüber Ihrem behandelnden Arzt geäußert haben. Einander widersprechende Willensäußerungen können dazu führen, dass am Ende keine von ihnen berücksichtigt wird.

Sterbehilfe im weiteren Sinn

In seiner Entscheidung stellt der BGH klar, dass der Abbruch lebenserhaltender Maßnahmen auch dann in die Entscheidungsbefugnis des Betroffenen fällt, wenn noch keine »unmittelbare Todesnähe« gegeben ist und der Sterbevorgang somit noch nicht eingesetzt hat (Sterbehilfe im weiteren Sinn). Soll in diesem Fall der Abbruch der lebenserhaltenden Maßnahmen jedoch mit dem »mutmaßlichen Willen« des Betroffenen (und nicht mit dem vormals geäußerten Willen) begründet werden, so sind erhöhte Anforderungen an die Feststellung zu richten.

Ist eine Betreuung bestellt und liegt kein geäußerter Wille des Betroffenen für eine Einwilligung oder Verweigerung einer bestimmten Behandlung vor, so hat sich der Betreuer am »Wohl des Betreuten« zu orientieren. Dieses Wohl des Betreuten ist dabei jedoch nicht objektiv, sondern grundsätzlich sogar vorrangig subjektiv zu verstehen. Entscheidend sind die Lebensentscheidungen, Wertvorstellungen und Überzeugungen des Betreuten.

Der Beschluss des BGH beinhaltet darüber hinaus die Aussage, dass es die Aufgabe des Betreuers (mit dem entsprechenden Aufgabenkreis) ist, den geäußerten, hilfsweise den mutmaßlichen Willen des Betreuten gegenüber Arzt und Pflegepersonal durchzusetzen.

Ferner weist der BGH darauf hin, dass die vom Betreuer im Namen des Betreuten gewünschte Einstellung der Behandlung (bzw. der lebensverlängernden Maßnahmen) der vormundschaftlichen (jetzt betreuungsgerichtlichen) Kontrolle unterliegen müssen. Dabei trifft das Vormundschaftsgericht (jetzt Betreuungsgericht) keine eigene Entscheidung, sondern prüft, ob der Betreuer den Willen des Betroffenen erschöpfend ermittelt hat. Der BGH weist in

Schutz des Betreuers

diesem Zusammenhang darauf hin, dass diese Überprüfung ausdrücklich auch dem Schutz des Betreuers dient, da man diesem mit der Entscheidung eine ungeheure Last aufbürdet.

Wie der BGH weiter ausdrücklich ausgeführt hat, ist für eine Einwilligung des Betreuers und eine Zustimmung des Vormundschaftsgerichts (heute Betreuungsgericht), allerdings kein Raum, wenn ärztlicherseits eine bestimmte Behandlung oder Weiterbehandlung nicht angeboten wird. Behandlungen, die von vornherein medizinisch nicht indiziert, nicht mehr sinnvoll oder aus sonstigen Gründen nicht möglich sind, können auch nicht angeordnet werden.

2. **Beschluss des Bundesgerichtshofs vom 8. Juni 2005** (vgl. BGH, Az.: XII ZR 177/03, veröffentlicht in BGHZ S. 163, 195 ff.)

Zum Handlungsspielraum des Pflegeheims

In einer weiteren Entscheidung hat sich der Bundesgerichtshof mit der Berücksichtigung des mutmaßlichen Willens eines einwilligungsunfähigen Patienten auseinandergesetzt und dabei folgende Frage erörtert: Inwieweit kann sich ein Pflegeheim dem Verlangen eines Betreuers, mit dem der behandelnde Arzt übereinstimmt, widersetzen, die künstliche Ernährung des betreuten, einwilligungsunfähigen Patienten einzustellen?

Die Entscheidung hat unter anderem folgenden Leitsatz:

- Verlangt der Betreuer in Übereinstimmung mit dem behandelnden Arzt, dass die künstliche Ernährung des betreuten einwilligungsunfähigen Patienten eingestellt wird, so kann das Pflegeheim diesem Verlangen jedenfalls nicht den Heimvertrag entgegensetzen. Auch die Gewissensfreiheit des Pflegepersonals rechtfertigt für sich genommen die Fortsetzung der künstlichen Ernährung in einem solchen Fall nicht. (...)

Auch wenn der BGH klarstellt, dass der Wille des Betroffenen auch für Ärzte und Pflegepersonal bindend ist, und dies inzwischen auch im Gesetz verankert wurde, so lässt sich gerade hier im Vorfeld manches Problem vermeiden. Wissen Sie als Verwandter, sonstige nahestehende Person oder als Betreuer von einer Patientenverfügung und muss der Betroffene in ein Altenheim, Pflegeheim oder ein Hospiz, so sollten Sie am besten zuvor mit der Einrichtung besprechen, ob eine Umsetzung der geäußerten (niedergelegten) Wünsche des Betroffenen in dieser Einrichtung ein Problem darstellt.

Tipp

Stellungnahme der Bundesärztekammer

Die Bundesärztekammer hat in Zusammenhang mit der Bedeutung von Patientenverfügungen sowohl in ihren »Grundsätzen zur ärztlichen Sterbebegleitung« als auch in ihren »Empfehlungen der Ärztekammer und der zentralen Ethikkommission bei der Bundesärztekammer zum Umgang mit Vorsorgevollmacht und Patientenverfügung in der ärztlichen Praxis« festgestellt, dass Patientenverfügungen verbindlich sind, sofern sie sich auf konkrete Behandlungssituationen beziehen und keine Umstände erkennbar sind, dass der Patient sie nicht mehr gelten lassen will (siehe hierzu auch die entsprechenden Grundsätze der Bundesärztekammer im Anhang, Seite 125 ff.).

In Zusammenhang mit den seit 1. September 2009 geltenden gesetzlichen Regelungen ist sicherlich mit weiteren ergänzenden Stellungnahmen der Ärztekammer zu rechnen.

3.2 Die gesetzlichen Regelungen zur Patientenverfügung

Am 18. Juni 2009 verständigte sich der Bundestag auf gesetzliche Regelungen zur Patientenverfügung. Dieses Gesetz trat zum 1. September 2009 in Kraft. Es sieht im Wesentlichen vor, den Willen des Betroffenen – unabhängig von Art und Stadium der Erkrankung – zu beachten, wobei Wünsche in einer Patientenverfügung, die auf eine verbotene Tötung auf Verlangen abzielen, selbstverständlich unwirksam bleiben.

!

Grundsätzlich ist der Wunsch nach einer Einstellung lebenserhaltender Maßnahmen auch dann zulässig, wenn der Sterbeprozess noch nicht eingesetzt hat. Hiervon ist das aktive Herbeiführen des Todes zu unterscheiden. Problematisch ist die Abgrenzung im Einzelfall im Bereich der Schmerzbehandlung. Die aktive Beibringung von hochwirksamen Schmerz- und Narkosemitteln in gegebenenfalls immer höheren Dosierungen bringt zwangsläufig die Gefahr der nachhaltigen Schädigung des Betroffenen mit sich. Gerade in diesem Bereich sollte besonders darauf geachtet werden, dass eine Patientenverfügung den Willen des Betroffenen möglichst klar und unmissverständlich ausdrückt. Selbstverständlich kann dies nur in dem rechtlich zulässigen Rahmen erfolgen, eine Tötung kann für keinen Fall gefordert werden.

Klare Formulierung des Willens

Tipp

Generell, aber insbesondere hinsichtlich des letztgenannten Punkts, sollten Sie bei Erstellung der Patientenverfügung den fachkundigen Rat eines Arztes einholen.

Im Bundestag standen mehrere Vorlagen zur Regelung der Patientenverfügung zur Abstimmung: Nach einer engagiert geführten Debatte und einer Abstimmung ohne Fraktionszwang erhielt die geltende Gesetzesfassung eine deutliche Mehrheit (Gesetzesentwurf gemäß Drucksache 16/8442 in der Fassung der Beschlussempfehlung des Rechtsausschusses des Deutschen Bundestags gemäß Drucksache 16/13314).

Einzelheiten der Regelungen

Die Einzelheiten der Regelungen zur Patientenverfügung waren hoch strittig. Mit dem verabschiedeten Gesetz sind die Diskussionspunkte dahin gehend geklärt, dass

- Voraussetzung und Bindungswirkung von Patientenverfügungen gesetzlich bestimmt sind,
- der Patientenwille
  - in jeder Lebensphase,
  - ohne Einschränkung der Verbindlichkeit der Verfügung,
  - ungeachtet der Art und des Stadiums der Erkrankung,
  - in schriftlicher Form,
  - unter Entsprechung der aktuellen Lebens- und Behandlungssituation verbindlich ist,
- bei Zweifeln über den Patientenwillen oder bei Missbrauchsgefahr das Betreuungsgericht entscheidet,

- Patientenverfügungen jederzeit formlos widerrufen werden können – und erst recht niemand gezwungen ist, eine solche Verfügung zu verfassen,
- Betreuer bzw. Bevollmächtigter im Fall der Entscheidungsunfähigkeit des Betroffenen unter Berücksichtigung der Bindungswirkung der schriftlichen Patientenverfügung
  - diese daraufhin prüfen müssen, ob sie der aktuellen Lebens- und Behandlungssituation entspricht, bzw. unter Beachtung des mutmaßlichen Willens eine Entscheidung treffen müssen,
  - den Willen des Betroffenen zur Geltung zu bringen haben,
- die Entscheidung über die Durchführung einer ärztlichen Maßnahme im Dialog zwischen Arzt und Betreuer bzw. Bevollmächtigtem unter Erörterung der medizinischen Indikation sowie unter Einbeziehung naher Angehöriger bzw. sonstiger Bezugspersonen vorbereitet wird,
- bei Meinungsverschiedenheiten zwischen Arzt und Betreuer bzw. Bevollmächtigtem folgenschwere Entscheidungen vom Betreuungsgericht genehmigt werden müssen.

Schon der Überblick über die getroffenen gesetzlichen Bestimmungen belegt, dass ein Großteil der nunmehr geregelten Inhalte auf die zuvor genannten Entscheidungen der höchstrichterlichen Rechtsprechung zurückgeht bzw. hierauf beruht.

Wegen der Aktualität und der Bedeutung der Patientenverfügung zu den betreffenden Bestimmungen (in der Fassung ab dem 1. September 2009) im Einzelnen:

§ 1901 a Abs. 1 BGB

Definition »Patientenverfügung«

Dieser Paragraf enthält eine gesetzliche Definition des Begriffs »Patientenverfügung«. Eine solche liegt im Sinne der Bestimmung vor, wenn ein einwilligungsfähiger Volljähriger für den Fall seiner Einwilligungsunfähigkeit schriftlich festlegt, dass er in bestimmte, zum Zeitpunkt der Festlegung noch nicht unmittelbar bevorstehende Untersuchungen seines Gesundheitszustands, Heilbehandlungen oder ärztliche Eingriffe einwilligt bzw. sie untersagt.

✓ In der gegebenen Situation hat der Betreuer zu prüfen, ob die Festlegungen in der Patientenverfügung auf die aktuelle Lebens- und Behandlungssituation zutreffen. Ist das so, dann hat der Betreuer dem Willen des Betreuten Ausdruck und Geltung zu verschaffen.

Der BGH hat ja entschieden, dass der Wille des Betroffenen vorrangig ist. Diejenigen, die in der Vergangenheit von entsprechenden Festlegungen des Betroffenen (aus welchen Gründen auch immer) abweichen wollten, haben häufig argumentiert, dass nicht festgestellt werden könne, ob die Festlegung in der Vergangenheit auch aktuell (also im Entscheidungsfall) noch gelten solle.

Tipp Es ist also sinnvoll, wenn Sie in gewissen Zeitabständen dokumentieren, dass der niedergelegte Wille weiterhin Ihr aktueller Wille ist. Zum Beispiel können Sie jährlich Ihre Unterschrift erneuern (natürlich unter Angabe des Datums). Um das nicht zu vergessen, sollten Sie dafür ein markantes Datum wählen.

Widerruf der Verfügung

Sie können die Patientenverfügung jederzeit formlos widerrufen.

Das Gesetz sieht keine Verpflichtung zu ärztlichen oder anderen fachkundigen Beratungen oder zu einer regelmäßigen Aktualisierung der Patientenverfügung vor (zum Beispiel als Wirksamkeitsvoraussetzung).

Keine verpflichtende Beratung

Diese Punkte, insbesondere die Frage nach einer vorherigen Beratung, wurden im Gesetzgebungsverfahren heftig diskutiert. Kann ein Laie so etwas allein entscheiden, ist er sich der Tragweite bewusst, versteht er unter den verwendeten Begriffen dasselbe wie ein Mediziner, ist eine Erklärung ohne vorherige Beratung wirklich der gefestigte Wille des Betroffenen oder nur eine Laune? Trotz dieser durchaus gewichtigen Bedenken hat man von einer verpflichtenden Beratung abgesehen, weil der Wille des

Betroffenen, über sich selbst zu entscheiden, vorrangig sein soll.

Auch wenn es keine Verpflichtung zur ärztlichen oder anderen fachkundigen Beratung gibt, so ist diese doch dringend anzuraten. Sie stellt sicher, dass man über die Dinge informiert und aufgeklärt wird, die man allein nicht versteht – und das ist in der Medizin sicher einiges.

§ 1901 a Abs. 2 BGB

Für den Fall, dass keine Patientenverfügung vorliegt bzw. »die Festlegungen einer Patientenverfügung nicht auf die aktuelle Lebens- und Behandlungssituation« zutreffen, hat der Betreuer Behandlungswünsche oder den mutmaßlichen Willen des Betreuten festzustellen und auf dieser Grundlage zu entscheiden, ob er in die ärztlichen Maßnahmen einwilligt.

Eine Patientenverfügung ist folglich dann nicht bindend, wenn die Festlegungen nicht auf die aktuelle Lebens- und Behandlungssituation zutreffen. Ob man dies annimmt, hängt sicher überwiegend davon ab, wie klar und eindeutig die Verfügung ist. Aber es liegt auch nahe, dass je »älter« die Patientenverfügung ist, man umso stärker fragen kann, ob das Niedergeschriebene (noch) den Willen für die aktuelle Situation darstellt. Wie bereits ausgeführt, ist es also sinnvoll, durch die wiederkehrende Unterschrift mit Datum zu dokumentieren, dass Sie an dem Niedergelegten auch in der aktuellen Lebenssituation festhalten wollen.

Kriterien zur Willensermittlung

Ist kein geäußerter Wille feststellbar, so hat die Ermittlung des mutmaßlichen Willens im Sinne von § 1901 a Abs. 2 BGB aufgrund »konkreter Anhaltspunkte« zu erfolgen. Insbesondere sind zu berücksichtigen:

- frühere mündliche oder schriftliche Äußerungen,
- ethische oder religiöse Überzeugungen,
- sonstige persönliche Wertvorstellungen des Betreuten.

§ 1901 a Abs. 3 BGB

Gemäß diesem Paragrafen gelten sämtliche Regelungen in § 1901 a Abs. 1 und 2 BGB »unabhängig von Art und Stadium einer Erkrankung« des Betreuten.

Abbruch lebenserhaltender Maßnahmen

Wie der Bundesgerichtshof zuvor entschieden hat, macht es das Gesetz nicht zur Bedingung, dass der Sterbeprozess schon eingesetzt hat, damit der Wille, etwa zum Abbruch lebenserhaltender Maßnahmen, beachtet wird. Tatsächlich geht die Regelung noch weiter. Für die Verbindlichkeit des Patientenwillens (auch der Ablehnung einer Behandlung) ist es nicht erforderlich, dass eine Erkrankung irreversibel ist. Dies sollten Sie bei der Erstellung der Patientenverfügung bedenken und genau festlegen, für welche Fälle Sie welche Maßnahmen ablehnen.

§ 1901 a Abs. 4 BGB

Nach diesem Paragrafen ist ein Zwang zur Abfassung einer Patientenverfügung in jeder Form untersagt, auch zum Beispiel in Zusammenhang mit dem Abschluss sonstiger Verträge, etwa Heimverträge.

§ 1901 a Abs. 5 BGB

Danach gilt die gesamte Regelung des § 1901 a BGB für Betreuer und Bevollmächtigte gleichermaßen.

§ 1901 b Abs. 1 BGB

Die Bestimmung regelt das Gespräch zur Feststellung des Patientenwillens (sogenannter dialogischer Prozess).

Erörterung der vorgeschlagenen Maßnahme

Ungeachtet bestehender berufsrechtlicher Pflichten des Arztes, verdeutlicht diese Bestimmung, dass der behandelnde Arzt zunächst zu prüfen hat, welche ärztliche Maßnahme im Hinblick auf den Gesamtzustand und die Prognose des Patienten indiziert ist. Diese Maßnahme erörtern Arzt und Betreuer dann unter Berücksichtigung des Patientenwillens als Grundlage für die nach § 1901 a BGB zu treffende Entscheidung.

§ 1901 b Abs. 2 BGB

Nach diesem Paragrafen sollen bei der Feststellung des Patientenwillens nach § 1901 a Abs. 1 BGB oder der

Behandlungswünsche bzw. des mutmaßlichen Willens nach § 1901 a Abs. 2 BGB nahe Angehörige und sonstige Vertrauenspersonen des Betreuten die Gelegenheit zur Äußerung haben, sofern dies ohne erhebliche Verzögerungen möglich ist.

Angehörige haben gegen den wirksam niedergelegten Willen des Betroffenen auch dann kein Vetorecht, wenn der Betroffene sich nicht mehr äußern kann.

Bedenken Sie, dass zum Beispiel Ihre Kinder mit Ihrer Entscheidung, in einer bestimmten Situation keine lebenserhaltenden Maßnahmen zu wollen, möglicherweise im Krankenhaus zum ersten Mal konfrontiert werden. Das ist schwer! Am besten, Sie sprechen schon »in guten Zeiten« mit Ihren Angehörigen oder Ihnen nahestehenden Personen über Ihre Vorstellungen und Wünsche. Ihre Entscheidung ist leichter zu akzeptieren (oder auch zu ertragen), wenn man weiß, dass Sie wohlüberlegt entschieden haben.

Teilen Sie Ihre Wünsche und Vorstellungen mit

§ 1901 b Abs. 3 BGB

Gemäß diesem Paragrafen gelten die Bestimmungen des § 1901 b Abs. 1 und 2 BGB für Betreuer und Bevollmächtigte gleichermaßen.

§ 1904 Abs. 2 BGB

Danach wird der Anwendungsbereich der grundsätzlich genehmigungspflichtigen Entscheidungen des Betreuers auf solche Fälle erweitert, in denen die Nichteinwilligung oder der Widerruf der Einwilligung des Betreuers zum Tod oder zu schweren und länger andauernden Schäden des Betreuten führen kann. (Bislang bezog sich die Genehmigungspflicht nur auf Einwilligungen in ärztliche Maßnahmen, die darauf gerichtet sind, Leben und Gesundheit des Betreuten zu erhalten bzw. sicherzustellen, jedoch das Risiko tödlicher Folgen in sich bergen.)

Diese Regelung geht unmittelbar auf die zuvor dargestellte Entscheidung des Bundesgerichtshofs zurück. Sie dient ausdrücklich auch dem Schutz des Betreuers, der mit derart schwerwiegenden Entscheidungen nicht allein gelassen werden soll.

Die gesetzliche Regelung geht noch über die genannte Entscheidung des BGH hinaus, indem auch bei drohenden schweren und länger andauernden Schäden für den Betreuten eine Genehmigung der Entscheidung des Betreuers erforderlich ist.

§ 1904 Abs. 3 BGB

Sofern das Betreuungsgericht zu entscheiden hat, hat es dabei gemäß diesem Paragrafen die Willenserklärung des Betreuers zur ärztlichen Maßnahme nach § 1904 Abs. 1 und Abs. 2 BGB dahin gehend zu überprüfen, ob der Betreuer tatsächlich entsprechend dem ermittelten individuell-mutmaßlichen Patientenwillen des Betreuten handelt.

Prüfung der Entscheidung durch das Betreuungsgericht

Bei seinen Feststellungen muss das Betreuungsgericht die Anhaltspunkte gemäß § 1901 a Abs. 2 BGB heranziehen. Das Betreuungsgericht trifft dabei keine eigene Entscheidung über die Behandlung (oder Nichtbehandlung) des Betreuten, sondern überprüft »nur«, ob bei der Entscheidung des Betreuers den maßgeblichen Grundsätzen entsprochen wurde (dieser also den Willen bzw. den mutmaßlichen Willen umfassend ermittelt hat).

§ 1904 Abs. 4 BGB

Danach bedarf die Entscheidung des Betreuers keiner betreuungsgerichtlichen Genehmigung, wenn Arzt und Betreuer keinen Zweifel daran haben, dass die Entscheidung über die Einwilligung, die Nichteinwilligung oder den Widerruf der Einwilligung dem nach § 1901 a BGB festgestellten Patientenwillen entspricht.

Mit dieser Option will der Gesetzgeber sicher auch die Gerichte entlasten. Entscheidender Gesichtspunkt dürfte jedoch sein, dass bei den ganz eindeutig gelagerten Fällen durch den Wegfall der Genehmigungspflicht Kosten gespart werden und vor allem Zeit gewonnen wird. Nach neuem Recht werden daher die hier fraglichen Entscheidungen des Betreuers (im Rahmen von § 1904 Abs. 1

und 2 BGB) von der gerichtlichen Genehmigungspflicht in den Fällen ausdrücklich ausgenommen, in denen Arzt und Betreuer übereinstimmende Auffassungen über den behandlungsbezogenen individuell-mutmaßlichen Patientenwillen haben.

Einvernehmen zwischen Arzt und Betreuer

Im Ergebnis führt die Verständigung zwischen Arzt und Betreuer über die gemeinsame Vorgehensweise bzw. dieselbe Sicht auf die Situation des Betreuten und die abgegebene Patientenverfügung dazu, dass das Betreuungsgericht in diesen Entscheidungsprozess nicht mehr einbezogen wird.

Dass Arzt und Betreuer keinen Zweifel am Willen des Betroffenen haben, ist sicher ein sinnvoller Anknüpfungspunkt, um derartige Fälle »unbürokratischer« zu handhaben. Dabei darf man aber nicht außer Acht lassen, dass die meisten Betreuer zu dem Betreuten eine emotionale Verbindung haben und sich ohnehin schwertun, eine möglicherweise das Leben beendende Entscheidung zu treffen.

§ 1904 Abs. 5 BGB

Danach gilt die Bestimmung des § 1904 BGB gleichermaßen für Betreuer und Bevollmächtigte.

§ 287 Abs. 3 FamFG

Schließlich wurden auch die verfahrensrechtlichen Bestimmungen zur Patientenverfügung geändert. Gemäß § 287 Abs. 3 FamFG wird ein Beschluss, der die Genehmigung nach § 1904 Abs. 2 BGB zum Gegenstand hat, erst zwei Wochen nach Bekanntgabe an den Betreuer oder Bevollmächtigten sowie an den Verfahrenspfleger wirksam. Mit dieser von der üblichen Wirksamkeitsvoraussetzung abweichenden Regelung wird effektiver Rechtsschutz für sämtliche am Verfahren Beteiligte geschaffen. Denn die gebotenen ärztlichen Handlungen sind – bei einer Genehmigung des Gerichts für den Abbruch oder die Nichteinleitung lebenserhaltender oder -verlängernder Maßnahmen – in der Regel unumkehrbar.

Effektiver Rechtsschutz

§ 298 FamFG

Dieser Paragraf regelt in der neuen Fassung die Einzelheiten, unter denen die gerichtliche Entscheidung zu erlassen ist:

- persönliche Anhörung des Betroffenen (durch das Gericht),
- Anhörung nahestehender Personen auf Verlangen des Betroffenen, soweit dies ohne erhebliche Verzögerung möglich ist,
- Anhörung sonstiger Beteiligter, insbesondere im Fall der Nichteinwilligung oder des Widerrufs der Einwilligung des Betreuers in eine Untersuchung des Gesundheitszustands, eine Heilbehandlung oder einen ärztlichen Eingriff, sofern die Maßnahme medizinisch angezeigt ist und die begründete Gefahr besteht, dass der Betreute aufgrund des Unterbleibens oder des Abbruchs der Maßnahme stirbt oder einen schweren oder länger andauernden gesundheitlichen Schaden erleidet.

3.3 Weitere Einzelheiten zur Patientenverfügung

In Patientenverfügungen können insbesondere unpräzise Vorstellungen (vor allem nicht hinreichend konkret beschriebene Krankheitszustände) problematisch sein, die unterschiedliche Wertungen zulassen und damit Zweifel am Behandlungswunsch des Patienten zur Folge haben.

Problematisch: unpräzise Vorstellungen und Formulierungen

Bei Formulierungen wie »menschenunwürdiges Dasein«, »unerträgliches Leiden«, »dauernder Ausfall wichtiger Körperfunktionen« usw. drängen sich unmittelbar die Fragen auf, was ist »menschenunwürdig«, was »unerträglich« und wann ist eine Körperfunktion »wichtig«?

Für den Arzt sind solche Formulierungen, die von jedem Menschen unterschiedlich gewertet werden können, keineswegs eindeutig. Ohne weitere Anhaltspunkte kann der Arzt nicht wissen, wie der Betroffene diese definiert. Solche »Behandlungsverbotskriterien«, die die Entscheidung über das Eingreifen des Behandlungsverbots davon abhängig machen, wie der Arzt subjektiv versteht und deutet, was der Betroffene möglicherweise wollte, stellen keinen eindeutigen, bindenden Willen dar.

Kriterien mit Bindungswirkung

Von den genannten »Umschreibungen« sind die Kriterien zu unterscheiden, die den Arzt binden. Dies sind Begriffe die einen bestimmten weiteren Krankheitsverlauf beschreiben, etwa »irreversible Bewusstlosigkeit«, »irreversibler Eintritt des Sterbeprozesses« oder »apallisches Syndrom« (also schwere Dauerschädigung des Gehirns, die dem Patienten kein personales Dasein mehr erlaubt). In diesen Fällen wird das Behandlungsverbot an eine bestimmte ärztliche Diagnose bzw. Prognose gebunden, die der Arzt im Rahmen seines notwendigerweise gegebenen ärztlichen Entscheidungsspielraums stellt.

Tipp

Textbausteine zur Erstellung einer Patientenverfügung finden Sie im Internet unter www.bundesjustizministerium.net > Service > Publikationen > Patientenverfügung.

Völlig unproblematisch sind Patientenverfügungen, die in Kenntnis einer bereits diagnostizierten bestimmten schweren Erkrankung (etwa Krebsleiden) verfasst wurden und die zum Beispiel eine zu einem späteren Zeitpunkt erforderlich werdende Operation oder Chemotherapie ausschließen wollen. In diesen Fällen besteht zweifelsohne auch die Möglichkeit, vorab eine Organtransplantation oder eine Bluttransfusion zu verweigern. Hier spricht der fest umrissene Inhalt der Verfügung für ihre Bindungswirkung.

Da eine Patientenverfügung nur für den Fall der Einwilligungsunfähigkeit den Willen des Verfügenden fixiert, liegt es nahe, auch eine Person zu bestimmen, die diesen Willen rechtlich verbindlich durchzusetzen vermag. Dies geschieht wiederum verlässlich nur durch eine Vorsorgevollmacht bzw. durch eine entsprechend formulierte Betreuungsverfügung.

Eine Patientenverfügung ist nur dann als rechtlich verbindlich anzusehen, wenn keine Umstände erkennbar sind, dass der Patient seine Verfügung nicht mehr gelten lassen will oder – unter den besonderen Umständen der ärztli-

Tipp

cherseits für geboten gehaltenen Maßnahme – nicht mehr gelten lassen würde. Daher ist es sehr empfehlenswert, die Patientenverfügung in regelmäßigen Abständen zu überprüfen und gegebenenfalls zu aktualisieren.

Kapitel 6
Zwangsmaßnahmen im Rahmen einer Betreuung

Zwangsmaßnahmen sind in diesem Zusammenhang solche Maßnahmen, die gegen bzw. ohne den Willen des Betreuten durchgeführt werden, weil sie aus gesundheitlichen Gründen notwendig sind. Da sie mit einem Eingriff in wichtige verfassungsrechtlich garantierte Rechte des Menschen verbunden sind, bedürfen sie unter anderem ganz besonderer Prüfung und gerichtlicher Kontrolle.

1. Geschlossene Unterbringung

Freiheitsentziehung

Sind dem Betreuer die Aufgabenkreise »Gesundheitssorge« und »Aufenthaltsbestimmung« bzw. »Unterbringung« oder »freiheitsentziehende Maßnahmen« übertragen, so hat er die Befugnis, den Betreuten »mit Freiheitsentziehung verbunden« unter den weiteren (materiell-rechtlichen) Voraussetzungen des § 1906 BGB unterzubringen.

Im Fall einer Bevollmächtigung ist eine sogenannte Generalvollmacht unzureichend, denn die Vollmacht (Vorsorgevollmacht) muss die Unterbringungsmaßnahmen nach § 1906 Abs. 1 BGB ausdrücklich enthalten und schriftlich abgefasst sein, § 1906 Abs. 5 S. 1 BGB.

Tipp

Viele Menschen haben Angst, dass sie im Fall einer Erkrankung »abgeschoben«, »weggeschlossen« oder mit Medikamenten ruhig gestellt werden. Verschließen Sie nicht die Augen vor diesen Problemen! Es kann eine Situation eintreten, in der es in Ihrem eigenen Interesse geboten ist, eine entsprechende Unterbringung zu veranlassen. In einer Vollmacht oder einer Betreuungsverfügung können Sie für einen solchen Fall zum Beispiel bestimmen, wo oder in welcher Art von Einrichtung sie zu leben wünschen. Dies gilt für Menschen in jeder Lebensphase, wird jedoch mit zunehmendem Alter immer bedeutender.

Eine freiheitsbeschränkende Unterbringung im Sinne von § 1906 Abs 1 BGB, häufig auch »geschlossene Unterbringung« genannt, liegt nur vor, wenn der Betreute gegen oder ohne seinen erklärten natürlichen Willen in einem geschlossenen Krankenhaus, in einer geschlossenen Einrichtung bzw. in einer geschlossenen Abteilung eines Krankenhauses oder einer Einrichtung für eine bestimmte Dauer festgehalten wird und zugleich eine ständige Überwachung seines Aufenthalts erfolgt und die Kontaktaufnahme mit anderen Personen außerhalb dieses Bereichs eingeschränkt wird.

Freiwilliger Verbleib in der geschlossenen Einrichtung

Ein natürlicher Wille zum (freiwilligen) Verbleib in der geschlossenen Einrichtung ist zum Beispiel dann gegeben, wenn der Betreute den geschützten Bereich (aus welchen Gründen auch immer) nicht verlassen möchte oder keine Kontaktwünsche zu Personen außerhalb der geschlossenen Einrichtung erkennen lässt. Eine freiwillige Unterbringung in diesem Sinn ist aber nicht gegeben, wenn der Betreute mit den Unterbringungsmodalitäten – in welcher Form auch immer – nicht einverstanden ist.

Soweit auf den erklärten (natürlichen) Willen abgestellt wird, muss der Betreute jedenfalls »einwilligungsfähig« sein, das heißt, er muss das Für und Wider, Tragweite, Folgen und Bedeutung der Unterbringungsmaßnahmen abschätzen können. Einsichtsfähigkeit, Ernsthaftigkeit und Verlässlichkeit der Einwilligung müssen dabei zweifelsfrei gegeben sein. Nur dann kann die Willenserklärung als »rechtserheblich« angesehen werden, wobei insbesondere auch das Krankheitsbild des Betreuten zu berücksichtigen ist.

Beispiel

Der Betreute B. hat versucht, sich mit einer Überdosis Schlaftabletten das Leben zu nehmen. Aufgrund seiner psychischen Grunderkrankung wird eine – zeitlich kurz befristete – geschlossene Unterbringung für notwendig befunden. B. willigt in eine geschlossene Unterbringung ein, hält aber (verdeckt) nach wie vor eine Selbsttötung für den einzigen Ausweg aus seiner Situation.

> In diesem Beispiel wird man kaum von einer rechtserheblichen Einverständniserklärung zur geschlossenen Unterbringung ausgehen können, weil zu befürchten ist, dass der Betreute an seinem krankheitsbedingt begründeten Wunsch zur Selbsttötung festhält.

Hat der Betreute hingegen kein Bewusstsein hinsichtlich seiner Unterbringungssituation (zum Beispiel wenn er nach einem Schlaganfall oder nach einem operativen Eingriff bewusstlos in einer geschlossenen Klinik untergebracht wird), liegt keine freiheitsentziehende Unterbringung vor. Denn der Betreute kann ja gar keinen natürlichen Willen entwickeln, geschweige denn versuchen, ihn durchzusetzen.

Die geschlossene Unterbringung gegen den Willen des Betroffenen ist nur zulässig, solange sie zu seinem eigenen Wohl erforderlich ist, § 1906 Abs. 1 S. 1 1. HS BGB.

Es kommt allein darauf an, dass die Unterbringung letztlich dem Betreuten selbst und nicht dem Schutz dritter Personen oder dem Schutz der Allgemeinheit dient. Insoweit gibt es Unterbringungsmöglichkeiten nach den Unterbringungsgesetzen der Bundesländer.

Bedingungen

Das Betreuungsrecht definiert im Einzelnen und abschließend, wann das Wohl des Betreuten konkret seine geschlossene Unterbringung erforderlich macht, und zwar

- wenn aufgrund einer psychischen Krankheit, einer geistigen oder seelischen Behinderung des Betreuten die Gefahr besteht, dass er sich selbst tötet oder sich erheblichen gesundheitlichen Schaden zufügt,
- wenn Untersuchungen des Gesundheitszustands, Heilbehandlungen oder ärztliche Eingriffe notwendig sind, die ohne die Unterbringung des Betreuten nicht durchgeführt werden können, und der Betreute aufgrund einer psychischen Krankheit, einer geistigen oder seelischen Behinderung die Notwendigkeit der Unterbringung nicht erkennen oder nicht nach dieser Einsicht handeln kann, § 1906 Abs. 1 Nr. 1 und Nr. 2 BGB.

Mit Blick auf die Tatsache, dass es sich um einen besonders massiven Eingriff in die Rechte des Betroffenen handelt, sollen diese Gründe noch einmal detailliert erörtert werden.

§ 1906 Abs. 1 Nr. 1 BGB

Bei akuter Gefahr der Selbstschädigung

Vorausgesetzt ist die akute, also gegenwärtige Gefahr einer Selbstschädigung, deren Ursache in einer psychischen Krankheit, einer geistigen oder seelischen Behinderung des Betreuten besteht. Gemeint ist damit, dass der Betreute wegen der genannten Erkrankungen seinen Willen nicht mehr frei bestimmen kann, was im Einzelnen allerdings konkret aufklärungsbedürftig ist. Eine Gefahr besteht dann, wenn bestimmte Umstände den Schadenseintritt – und zwar die Selbsttötung oder einen erheblichen gesundheitlichen Schaden – mit hoher Wahrscheinlichkeit nahelegen.

Die Gefahr erheblicher gesundheitlicher Schäden in diesem Sinn wurde zum Beispiel angenommen bei

- Ablehnung (lebens-)notwendiger Medikamente bzw. entsprechender gebotener ärztlicher Behandlung,
- Herumirren im Straßenverkehr bzw. mit unangemessener Kleidung (etwa im Nachthemd bei Kälte),
- gesundheitsschädlicher Vermüllung der Wohnung (Vermüllungssyndrom, umgangssprachlich »Messiesyndrom«),
- Nahrungsverweigerung,
- Alkohol- und Drogenabhängigkeit zumindest dann, wenn mit der Abhängigkeit eine der genannten Erkrankungen verbunden ist, aufgrund derer kein freier Wille mehr gebildet werden kann bzw. der Betreute durch die Abhängigkeit gegenüber Folgeerkrankungen völlig uneinsichtig ist (zum Beispiel gegenüber kurzfristigen Rückfällen mit lebensbedrohlichen Zuständen).

§ 1906 Abs. 1 Nr. 2 BGB

!

Ist eine Untersuchung des Gesundheitszustands, eine Heilbehandlung oder ein ärztlicher Eingriff notwendig und kann die Maßnahme ohne die Unterbringung des Betreuten nicht durchgeführt werden und kann der Betreute aufgrund einer psychischen Krankheit, einer geistigen oder seelischen Behinderung die Notwendigkeit der Unterbringung nicht erkennen oder nicht nach dieser Einsicht handeln, ist die geschlossene Unterbringung ebenfalls zulässig.

Voraussetzung ist also, dass

- die Maßnahmen für sich genommen medizinisch geboten, mithin notwendig sind (also keine Unterbringung bei leichten Erkrankungen),
- die Maßnahmen nur mit einer Unterbringung durchgeführt werden können (also keine Unterbringung zum Beispiel wenn eine ambulante Behandlung möglich ist),
- der Betreute aufgrund der genannten Erkrankungen nicht in der Lage ist, zu verstehen, dass die Unterbringung nötig ist, damit zum Beispiel bestimmte Heilbehandlungen durchgeführt werden können.

Geschlossene Unterbringung unterliegt Genehmigungspflicht

Die geschlossene Unterbringung ist prinzipiell nur mit Genehmigung des Betreuungsgerichts zulässig, § 1906 Abs. 2 S. 1 BGB. Ohne die Genehmigung ist sie nur dann möglich, wenn mit dem Aufschub Gefahr verbunden ist und die Genehmigung unverzüglich nachgeholt wird, § 1906 Abs. 2 S. 2 BGB.

Es ist Aufgabe des Betreuers, die Genehmigung einzuholen. Er ist außerdem verpflichtet, die Unterbringung zu beenden und es dem Betreuungsgericht anzuzeigen, wenn die oben genannten Voraussetzungen wegfallen, § 1906 Abs. 3 BGB.

!

Für die gerichtliche Genehmigung der Unterbringung – auch in Form einer einstweiligen Anordnung – hat das Bundesverfassungsgericht wichtige Gesichtspunkte für die Praxis hervorgehoben. Sie beziehen sich sowohl auf den Grundsatz der Verhältnismäßigkeit als auch auf die Maßstäbe für die Sachverhaltsaufklärung als Grundlage der richterlichen Entscheidung.

Zwar betrifft die Entscheidung eine Unterbringung nach einem Landesgesetz über die Unterbringung psychisch Kranker, also eine sogenannte öffentlich-rechtliche Unterbringung (im Gegensatz zu der hier erörterten zivilrechtlichen Unterbringung). Die entsprechenden Verfahrensvorschriften (§§ 312 ff. FamFG/bis zum 31. August 2009 §§ 70 ff. FGG a.F.) regeln aber das gerichtliche Verfahren bei Unterbringungsmaßnahmen einheitlich, sodass die verfahrensrechtlichen Genehmigungsgrundsätze der gleichen Beurteilung unterliegen und hier ebenso von Bedeutung sind.

§

In seinem **Beschluss vom 23. März 1998** – 2 BvR 2270/96 (vgl. auch Pressemitteilung Nr. 43/98 vom 24. April 1998) – zur Genehmigung der Unterbringung stellt das Bundesverfassungsgericht in seiner Kernaussage fest:

✓

Freiheitsgarantie

Die Freiheit der Person ist ein so hohes Rechtsgut, dass sie nur aus besonders gewichtigem Grund angetastet werden darf und eine Einschränkung stets der strengen Prüfung am Grundsatz der Verhältnismäßigkeit zu unterziehen ist. Dies schließt zwar nicht von vornherein einen staatlichen Eingriff aus, der ausschließlich den Zweck verfolgt, einen psychisch Kranken vor sich selbst zu schützen und ihn zu seinem eigenen Wohl in einer geschlossenen Einrichtung unterzubringen. Im Hinblick auf den Verhältnismäßigkeitsgrundsatz muss jedoch bei weniger gewichtigen Fällen eine derart einschneidende Maßnahme unterbleiben und somit auch dem psychisch Kranken in gewissen Grenzen die »Freiheit zur Krankheit« belassen bleiben.

»Freiheit zur Krankheit« bei psychischer Erkrankung

Die freiheitssichernde Funktion des Art. 2 Abs. 2 S. 2 GG setzt auch Maßstäbe für die Aufklärung des Sachverhalts und damit für eine hinreichende tatsächliche Grundlage richterlicher Entscheidungen. Es ist insoweit unverzichtbare Voraussetzung, dass solche Entscheidungen auf zureichender richterlicher Sachaufklärung beruhen und eine in tatsächlicher Hinsicht genügende Grundlage haben, die der Bedeutung der Freiheitsgarantie entspricht.

!

Das Bundesverfassungsgericht hat betont, dass ein Gericht bei entsprechenden Maßnahmen alle Umstände, die Voraussetzung für eine Unterbringung sind, aufzuklären hat. In dem entschiedenen Fall lebte der Betroffene schon seit langer Zeit mit der Vorstellung, in sein Ohr seien elektronische Wanzen implantiert. Gerade in einem solchen Fall wäre zu klären gewesen, inwieweit eine sofortige psychiatrische Krankenhausbehandlung wirklich erforderlich gewesen wäre.

2. Zwangsbehandlung von Betreuten

In Zusammenhang mit der geschlossenen Unterbringung ist auch das in der Praxis recht bedeutsame Problem der sogenannten Zwangsbehandlung zu erörtern. Der Bundesgerichtshof hat sich in verschiedenen Entscheidungen mit der Zulässigkeit einer Zwangsbehandlung von Betreuten im Rahmen geschlossener Unterbringung und mit der ambulanten Zwangsbehandlung beschäftigt.

In seinem **Beschluss vom 1. Februar 2006** (Az.: XII ZB 236/05, veröffentlicht in FamRZ 2006, S. 615–618), hat sich der BGH mit der Zwangsbehandlung im Fall der Zwangsunterbringung beschäftigt. Die Leitsätze zu dieser Entscheidung lauten:

- Der Betreuer ist als gesetzlicher Vertreter des Betreuten grundsätzlich befugt, in ärztliche Maßnahmen auch gegen den natürlichen Willen eines im Rechtssinn einwilligungsunfähigen Betreuten einzuwilligen.
- Im Rahmen einer genehmigten Unterbringung nach § 1906 Abs. 1 Nr. 2 BGB umfasst diese Befugnis ausnahmsweise auch das Recht, falls erforderlich einen der ärztlichen Maßnahme entgegenstehenden Willen des Betreuten zu überwinden. (...)

Der Bundesgerichtshof hat in einem **Beschluss vom 23. Januar 2008** (Az.: XII ZB 185/07, veröffentlicht in FamRZ 2008, S. 866–868) seine bisherige Auffassung zur Zwangsbehandlung ausdrücklich bestätigt. Die Entscheidung hat folgenden Leitsatz:

- Das Vormundschaftsgericht (heute Betreuungsgericht) darf die Unterbringung des Betroffenen in einer geschlossenen Einrichtung nicht genehmigen, wenn die Freiheitsentziehung als solche nicht notwendig ist und die Genehmigung letztlich nur eine Rechtsgrundlage abgeben soll, den Betroffenen in einer offenen Abteilung der Einrichtung einer erforderlichen – auch zwangsweisen – Behandlung mit Medikamenten zu unterziehen.

Im Ergebnis steht damit fest, dass insbesondere ambulante Zwangsbehandlungen eines Betreuten nach wie vor grundsätzlich unzulässig sind. Aber auch die zwangsweise Unterbringung nur mit dem Zweck, die rechtlichen Voraussetzungen für eine Zwangsbehandlung zu schaffen, ist nicht rechtmäßig.

Keine gesetzliche Grundlage für ambulante Zwangsbehandlung

Dabei hat das Gericht durchaus die Gefahr gesehen, dass eine Behandlung zu einem bestimmten Zeitpunkt nicht durchgeführt werden kann und dadurch möglicherweise eine deutlich schwerere Erkrankung entsteht und auch eine deutlich längere Unterbringung erforderlich wird. Dies sei sicher nicht wünschenswert, aber aufgrund der Gesetzeslage unvermeidlich. Dies gelte umso mehr, als der Gesetzgeber dieses Problem gekannt habe, aber bei seinen Reformen nicht die notwendige Gesetzesgrundlage für eine ambulante Zwangsbehandlung geschaffen habe. Diese Entscheidung des Gesetzgebers hätten die Gerichte zu akzeptieren.

3. Unterbringungsähnliche Maßnahmen

Die Unterbringungsgrundsätze des § 1906 Abs. 1 bis Abs. 3 BGB gelten entsprechend, wenn dem Betreuten, der sich in einer Anstalt, einem Heim oder einer sonstigen Einrichtung aufhält – ohne geschlossen untergebracht zu sein –, durch mechanische Vorrichtungen, Medikamente oder auf andere Weise über einen längeren Zeitraum oder regelmäßig die Freiheit entzogen werden soll, § 1906 Abs. 4 BGB.

In diesem Zusammenhang ist der Begriff »unterbringungsähnliche/freiheitsentziehende Maßnahmen« – auch »Fixierungsmaßnahmen« genannt – gebräuchlich.

Zu den »Mitteln des Freiheitsentzugs« gehören zum Beispiel:

- Schutzvorrichtungen am Bett in Form des sogenannten Bettgitters,
- Anlegen eines Bauchgurts bzw. einer Beckenschürze im Bett oder am Rollstuhl,
- Anlegen eines Therapietischs an Stuhl oder Rollstuhl,
- Anbringen komplizierter Schließmechanismen, die sich dem Verständnis des Betreuten entziehen,
- gezieltes Verabreichen von Schlaf- oder Betäubungsmitteln, um zu verhindern, dass der Betreute die Einrichtung verlässt. (Es handelt sich jedoch nicht um Freiheitsentzug, wenn zu Heilzwecken Medikamente verabreicht werden – auch zur Förderung des Schlafs –, die sedierende Nebenwirkungen aufweisen.)

Genehmigungspflicht

Der Betreute wird durch diese Maßnahmen an seiner Fortbewegung bzw. körperlichen Bewegungsfreiheit oder seiner freien tatsächlichen Willensentfaltung insgesamt gehindert. Daher ist eine gerichtliche Genehmigung erforderlich, vorausgesetzt,

- die Maßnahme wird in einem Heim, einer Anstalt oder sonstigen Einrichtung (gemeint sind Altenheime, Pflegeheime, offene oder geschlossene Krankenhäuser oder Heime) bei dem sich dort aufhaltenden Betreuten angewandt,
- die Maßnahme erfolgt über einen längeren Zeitraum oder regelmäßig. Über die Frage, was konkret als »längerer Zeitraum« anzusehen ist, bestehen unterschiedliche Auffassungen. Dabei wird unter anderem auch auf die Schwere des Eingriffs abgestellt (bloßes Bettgitter, Fesselung oder Verschließen der Tür). Auf jeden Fall kann man bei einem Zeitraum von mehr als drei Tagen von einem »längeren Zeitraum« sprechen. »Regelmäßigkeit« liegt vor, wenn die Maßnahme immer zur gleichen Zeit oder zu bestimmten Anlässen erfolgt.

Bei häuslicher Pflege ist für den Einsatz der genannten Maßnahmen keine richterliche Genehmigung erforderlich.

Auch hier darf der Pflegende (Betreuer) allerdings nicht ohne konkreten Anlass zu freiheitsbeschränkenden Maßnahmen greifen, weil die Maßnahmen nur zulässig sind, wenn das Wohl des Betreuten bzw. seine Betreuung und Versorgung dies zwingend erforderlich machen. Anderenfalls muss sich der Pflegende (Betreuer) wegen freiheitsentziehender Maßnahmen strafrechtlich verantworten.

Ist der Betreute vollständig bewegungsunfähig oder dienen die Vorrichtungen zum Beispiel nur dem »Schutz vor Herausfallen«, ist eine Genehmigung nicht erforderlich. Anders verhält es sich bei Unruhezuständen, bei denen ein Fortbewegungswille unterstellt werden muss.

Der bestellte Betreuer bzw. Bevollmächtigte kann nur dann rechtsverbindlich in unterbringungsähnliche Maßnahmen einwilligen, wenn er mit dem entsprechenden Aufgabenkreis betraut ist, also zum Beispiel »Aufenthaltsbestimmung« bzw. »freiheitsentziehende Maßnahmen«.

Der Antrag auf gerichtliche Genehmigung einer freiheitsentziehenden Maßnahme muss vom Betreuer bzw. vom Bevollmächtigten gestellt werden. Das Alten- oder Pflegeheim kann allenfalls die Anregung geben. Kommt der Betreuer der Anregung einer an sich gebotenen freiheitsentziehenden Maßnahme nicht nach, muss man seine Entlassung in Betracht ziehen. Liegt eine Bevollmächtigung vor, kann ein Kontrollbetreuer bestellt werden (siehe hierzu auch Kapitel 4, Seite 55).

Soweit der Betreute selbst in die Maßnahme einzuwilligen vermag, ist für eine gerichtliche Genehmigung kein Raum.

Grundsätze der Maßnahmen

Im Übrigen gelten für die unterbringungsähnlichen Maßnahmen die gleichen Grundsätze wie bei der geschlossenen Unterbringung selbst, das heißt,

- die Maßnahme muss für das Wohl des Betreuten erforderlich sein,
- der Einsatz milderer Maßnahmen zum Schutz des Betreuten ist nicht möglich.

Voraussetzung für eine gerichtliche Genehmigung sind die Vorlage eines aktuellen ärztlichen Attests sowie die unverzichtbare persönliche Anhörung des Betreuten. Ferner muss geprüft werden, ob die Bestellung eines Verfahrenspflegers nötig ist, §§ 312 ff. FamFG (§§ 70 ff. FGG a.F.). Verfahrensfähigkeit ist auch hier (wie im Unterbringungsverfahren selbst) ohne Rücksicht auf die Geschäftsfähigkeit des Betreuten gegeben, § 316 FamFG (§ 70 a FGG a.F.).

Persönliche Anhörung des Betreuten

Häufig bestehen bei der Prüfung zur Genehmigung einer freiheitsentziehenden Maßnahme Unklarheiten, zum Beispiel wenn

- dem Antrag nicht das erforderliche Attest beiliegt (nur Atteste neuesten Datums können als Grundlage einer freiheitsentziehenden Maßnahme genommen werden),
- das vorgelegte ärztliche Attest inhaltlich unzureichend ist, weil
  - die Erkrankung des Betreuten nur unzureichend angegeben ist (ohne Darlegung des Krankheitsbilds lässt sich nicht prüfen, ob überhaupt Fixierungsmaßnahmen in Betracht kommen),
  - die sich aus der Erkrankung ergebenden gesundheitlichen Folgen nur unzureichend beschrieben sind (ohne konkrete medizinische Darlegungen lässt sich nicht feststellen, ob die Einschränkung der Bewegungsfreiheit auch zwingend erforderlich ist),
  - es keinen aussagekräftigen Hinweis darauf enthält, inwieweit der Betreute verstandesmäßig in der Lage ist, der Fixierungsmaßnahme selbst zuzustimmen (bei Einverständnis des Betreuten bedarf es keiner gerichtlichen Genehmigung),
  - es nicht erkennen lässt, ob und inwieweit der Betroffene gegen seinen Willen – eventuell auch lediglich gegen den natürlichen Willen – an der Fortbewegung bzw. seiner Freiheit gehindert wird (bloßer Schutz vor Herausfallen des Betreuten ist nicht genehmigungsbedürftig),

- ihm möglicherweise nicht hinreichend zu entnehmen ist, dass dem Betreuten die Freiheit über einen längeren Zeitraum bzw. regelmäßig entzogen werden soll (kurzfristige bzw. von Fall zu Fall zur Abwehr von Gefahren für den Betreuten notwendige Fixierungen, zum Beispiel bei einer Fiebererkrankung, sind nicht genehmigungsbedürftig),
- nicht hinreichend geklärt ist, ob der Betreute durch Bitten oder durch Überredung durch das Heimpersonal dahin gehend beeinflusst werden kann, dass er einer beabsichtigten Bewegungseinschränkung zustimmt.

Kapitel 7
Verlauf des Betreuungsverfahrens und Verfahrensgrundsätze

Wie bereits erwähnt, kommt eine Betreuung auf Antrag einer Person zustande, die für sich selbst die Notwendigkeit von Hilfen sieht. In Fällen, in denen eine Person krankheitsbedingt nicht mehr selbst handeln kann, können auch außenstehende Personen ein Betreuungsverfahren anregen. Die Notwendigkeit einer Betreuung wird dann vom Gericht geprüft.

1. Gerichtliche Maßnahmen

Zuständiges Gericht

Zuständig für die Betreuerbestellung ist das Gericht, in dessen Bezirk der Betroffene zur Zeit der Antragstellung seinen gewöhnlichen Aufenthalt hat.

✓

Der Betroffene ist und bleibt in jedem Fall (!) verfahrensfähig, was zum Beispiel bedeutet, dass er selbst Anträge stellen und Rechtsmittel gegen gerichtliche Entscheidungen einlegen kann. Das Betreuungsgericht unterrichtet den Betroffenen zu diesem Zweck über den möglichen Verlauf des Verfahrens.

Unterstützung durch einen Verfahrenspfleger

Ist ersichtlich, dass der Betroffene seine Interessen nicht hinreichend selbst wahrnehmen kann, bestellt ihm das Gericht einen Verfahrenspfleger. Dieser unterstützt den Betroffenen im Betreuungsverfahren. Falls nötig, vermittelt der Verfahrenspfleger dem Gericht konkrete Anliegen des Betroffenen, damit diese in der gerichtlichen Entscheidung berücksichtigt werden können.

Als Verfahrenspfleger kommen in Betracht:

- ehrenamtlich tätige Personen,
- Personen, die Pflegschaften berufsmäßig führen, insbesondere also auch Sozialarbeiter bzw. Rechtsanwälte.

Ablauf des Verfahrens

Das Verfahren läuft folgendermaßen ab: Vor einer Entscheidung hört das Gericht den Betroffenen persönlich an und verschafft sich so einen unmittelbaren Eindruck. Ist ein Verfahrenspfleger bestellt, wird dieser zum Anhörungstermin hinzugezogen.

Das Gericht gibt der Betreuungsbehörde Gelegenheit zur Äußerung, wenn dies der Sachaufklärung dient. Gleiches gilt für Personen, die dem Betroffenen persönlich nahestehen.

Sachverständigengutachten

Betreuung und Einwilligungsvorbehalt dürfen nur dann angeordnet werden, wenn das Gericht zuvor ein Sachverständigengutachten über Notwendigkeit und Umfang der Betreuung, über die voraussichtliche Dauer der Hilfsbedürftigkeit – sowie gegebenenfalls über die Erforderlichkeit des Einwilligungsvorbehalts (zur Abwendung einer erheblichen Gefahr für die Person oder das Vermögen des Betreuten) eingeholt hat.

!

Der Sachverständige muss den Betroffenen vor Erstattung seines Gutachtens persönlich untersuchen und befragen.

Nach der Schlussanhörung des Betroffenen ergeht die Entscheidung. Sie ist dem Betroffenen, dem Betreuer, dem Verfahrenspfleger und gegebenenfalls der Betreuungsbehörde bekannt zu geben.

Befristung der Betreuung auf maximal sieben Jahre

Die Entscheidung über die Betreuung darf auf längstens sieben Jahre befristet sein. Eine Verlängerung nach Ablauf der Frist ist nur bei Bedarf, nach erneuter Prüfung und mit einer neuen Entscheidung des Gerichts möglich.

Der Betreuer wird vom Rechtspfleger des Betreuungsgerichts mündlich verpflichtet. Er erhält die Urkunde über seine Bestellung. Damit kann er sich im Rechtsverkehr ausweisen. Nach Beendigung der Betreuung muss er die Urkunde an das Gericht zurückgeben.

2. Vorläufige Entscheidungen

Die Einrichtung einer Betreuung nimmt natürlich eine gewisse Zeit in Anspruch. Häufig besteht jedoch ein dringlicher Handlungsbedarf, insbesondere dann, wenn ein Krankenhausaufenthalt oder ärztliche Eingriffe bevorstehen. In diesem Fall kann das Gericht durch einstweilige Anordnung eine Betreuung einrichten und einen Betreuer bestellen. Außerdem kann es einen vorläufigen Einwilligungsvorbehalt anordnen, Betreuer entlassen oder den Aufgabenkreis des bestellten Betreuers vorläufig erweitern.

Anordnung von Eilmaßnahmen

Beispiel

> Herr B. wird bewusstlos ins Krankenhaus eingeliefert. Im Rahmen getroffener medizinischer Maßnahmen wird auf Anregung des Krankenhauses eine Verwandte von Herrn B. für den Aufgabenkreis »Gesundheitsfürsorge« zur Betreuerin bestellt. Als Rechnungen bezahlt werden müssen, stellt sich heraus, dass die Betreuung auf den Aufgabenkreis »Vermögenssorge« erweitert werden muss, damit die Betreuerin über das Konto von Herrn B. verfügen kann.

Diese Eilmaßnahmen sind nur unter bestimmten Voraussetzungen zulässig (zum Beispiel unter Vorlage eines entsprechenden ärztlichen Attests). Sie gelten üblicherweise zunächst für sechs Monate und können darüber hinaus unter vereinfachten Umständen erlassen werden. Notwendige Verfahrensmaßnahmen müssen allerdings unverzüglich nachgeholt werden (zum Beispiel Anhörungspflichten des Gerichts).

Befristung der Eilmaßnahme auf sechs Monate

!

Jede Einrichtung oder Ausweitung einer Betreuung stellt einen Eingriff in die Rechte des Betroffenen dar. Gerade bei einer Eilentscheidung muss deshalb begründet werden, warum eine »vorläufige« Eilentscheidung notwendig ist und keine Entscheidung in einem »regulären« Verfahren abgewartet werden kann.

3. Unterbringungsdauer

Für Unterbringungsverfahren nach dem Betreuungsgesetz gelten ähnliche Grundsätze wie im Verfahren zur Bestellung eines Betreuers. Die Dauer der Unterbringung ist auf höchstens ein Jahr, bei offensichtlich langer Unterbringungsbedürftigkeit auf höchstens zwei Jahre zu befristen.

Befristung der Unterbringung auf maximal zwei Jahre

Allerdings kommen auch Verlängerungen in Betracht. Das muss dann gesondert geprüft und angeordnet werden.

Beruht die Unterbringung auf einer einstweiligen Anordnung, darf sie die Gesamtdauer von drei Monaten nicht überschreiten. Die zulässige Höchstdauer im Rahmen einer erstmaligen einstweiligen Anordnung beträgt sechs Wochen.

4. Kosten des gerichtlichen Verfahrens

Erhebung der Gerichtskosten

Für die Einrichtung und Führung der Betreuung, also das gesamte Betreuungsverfahren an sich, entstehen Kosten des Gerichts, zum Beispiel Gebühren und Auslagen, etwa für ärztliche Atteste oder Sachverständigengutachten. Sie werden nur erhoben, wenn das Vermögen des Betreuten nach Abzug der Verbindlichkeiten mehr als 25.000 Euro beträgt. An Verfahrenspfleger gezahlte Beträge können nach Maßgabe des § 1836 c BGB erhoben werden (§ 93 a Kostenordnung (KostO)). Dies kommt nur dann in Betracht, wenn der Betreute nicht mittellos ist.

Ermittlung des Betreutenvermögens

Bei der Ermittlung des Vermögens wird der Wert eines angemessenen Hausgrundstücks nicht berücksichtigt, wenn das Haus des Betreuten von dem nicht getrennt lebenden Ehegatten/Lebenspartner oder seinem minderjährigen, unverheirateten Kind allein oder zusammen mit Angehörigen bewohnt wird oder nach dem Tod des Betreuten weiter bewohnt werden soll. Als Jahresgebühr für eine auf Dauer angelegte Betreuung werden von dem Vermögen, das 25.000 Euro übersteigt, 5 Euro für jede angefangenen 5.000 Euro, mindestens aber 50 Euro erhoben.

In Unterbringungssachen fallen hingegen keine Gerichtsgebühren an. Auslagen werden vom Betroffenen nur in sehr eingeschränktem Umfang und bei entsprechender Leistungsfähigkeit erhoben.

Die Kostenregelung für Gebühren und Auslagen des Gerichts ist also erheblich großzügiger als die Feststellungen bei der Mittellosigkeit für Aufwendungsersatz und Vergütung der Betreuer (siehe hierzu auch Kapitel 8, Seite 99 ff.).

Kapitel 8
Aufwendungsersatz, Aufwandsentschädigung und Vergütung

Die Kosten einer Betreuung sind verständlicherweise für viele Menschen von besonderem Interesse. Einerseits muss der Betreute nur dann Kosten tragen, wenn er nicht mittellos ist. Andererseits kann niemand erwarten, dass ein – ehrenamtlicher oder beruflich tätiger – Betreuer die Angelegenheiten eines Betreuten regelt, ohne dass ihm zum Beispiel Kosten für Aufwendungen erstattet werden. Gleiches gilt im Ergebnis für die Inanspruchnahme des Gerichts.

1. Grundsätze

Da die Betreuung grundsätzlich ein Ehrenamt ist, wird sie unentgeltlich, also ohne Zahlung einer Vergütung, geführt. Etwas anderes gilt für den Fall, dass das Gericht bei der Bestellung des Betreuers die berufsmäßige Führung der Betreuung ausdrücklich feststellt, also einen Berufsbetreuer bestellt.

Ersatz von Aufwendungen

Ehrenamtliche Betreuer haben allerdings Anspruch auf Ersatz der mit der Führung verbundenen Aufwendungen, § 1908 i i.V.m. §§ 1835, 1835 a BGB. Hierzu zählen zum Beispiel:

- Fahrtkosten,
- Porto-, Telefon- und Fotokopierkosten,
- Kosten der Haftpflichtversicherung, § 1835 Abs. 3 BGB. (Der Betreuer ist dem Betreuten für schuldhafte – vorsätzliche bzw. fahrlässige – Pflichtverletzungen durch Handeln oder Unterlassen schadenersatzpflichtig.)

Die Aufzählung ist beispielhaft, gemeint sind die mit der konkreten Betreuung verbundenen Kosten.

Die Aufwendungen können in verschiedener Form geltend gemacht werden und zwar

- durch Abrechnung und Nachweis der einzelnen Aufwendungen, § 1908 i i.V.m. § 1835 BGB,
- durch Geltendmachung der pauschalen Aufwandsentschädigung, § 1908 i i.V.m. § 1835 a BGB, wobei wiederum zu unterscheiden ist zwischen
  – mittellosem Betreuten und
  – vermögendem Betreuten.

Pauschalierung der Aufwendungen

Der Unterschied zwischen Aufwendungsersatz und (pauschaler) Aufwandsentschädigung besteht lediglich in der Pauschalierung der für die Betreuung gemachten Aufwendungen. Dadurch soll dem ehrenamtlichen Betreuer die Auflistung/Zusammenstellung der einzelnen Aufwendungen erspart werden. Andererseits unterliegt die pauschale Aufwandsentschädigung, § 1908 i i.V.m. § 1835 a BGB, der Einkommensteuer, weil angenommen wird, dass die Pauschale auch einen gewissen Anerkennungsbetrag als Vergütung enthält.

Bei der berufsmäßig geführten Betreuung werden mit den Stundensätzen (siehe hierzu in diesem Kapitel, Seite 105) Aufwendungen abgegolten, die anlässlich der Betreuung entstanden sind, sowie anfallende Umsatzsteuer, vgl. §§ 1908 i, 1836 Abs. 1 BGB i.V.m. § 4 Abs. 2 VBVG.

Tipp

Der Anspruch auf pauschale Aufwandsentschädigung erlischt, wenn er nicht binnen drei Monaten nach Ablauf des Jahrs, in dem der Anspruch entsteht, geltend gemacht wird, § 1835 a Abs. 4 BGB. Der Anspruch auf Aufwendungsersatz erlischt, wenn er nicht binnen 15 Monaten nach der Entstehung gerichtlich geltend gemacht wird, vgl. § 1835 Abs. 1 S. 3 BGB. Bei beiden Fristen handelt es sich um Ausschlussfristen, die streng gehandhabt werden. Es ist also wichtig, dass Sie Ihre Ansprüche rechtzeitig geltend machen!

Mittellosigkeit des Betreuten

Ist der Betreute mittellos, richtet sich der Anspruch auf Aufwendungsersatz gegen die Staatskasse. Der Betreute gilt als mittellos, wenn er Aufwendungsersatz oder Vergütung aus seinem einzusetzenden Einkommen oder Vermögen »nicht oder nur zum Teil oder nur in Raten oder nur im Wege gerichtlicher Geltendmachung von Unterhaltsansprüchen« aufbringen kann, §§ 1908 i, 1836 d, 1836 c BGB. Infolge dieser Regelung, die von erheblicher praktischer Bedeutung ist, gilt ein Großteil der Betreuten als mittellos.

Maßstäbe für Mittellosigkeit

Gemäß §§ 1908 i, 1836 c BGB sind die Mittel festgelegt, die der Betreute von seinem Einkommen oder Vermögen einsetzen muss. Unter Heranziehung der weiteren genannten Bestimmungen des Sozialgesetzbuchs (SGB) XII ergeben sich so die Maßstäbe, wann konkret Mittellosigkeit anzunehmen ist.

In diesem Sinn ist Mittellosigkeit grundsätzlich anzunehmen bei Vermögensbeträgen

- von bis zu 2.600 Euro zum Beispiel nach Vollendung des 60. Lebensjahrs bzw. bei besonderer Behinderung.

Dabei sind ferner bestimmte Vermögenswerte nicht zu berücksichtigen, zum Beispiel

- Kapital, das zum Erwerb eines Heimplatzes angespart wurde,
- Kapital, dessen Ansparung zur Altersvorsorge staatlich gefördert wurde,
- ein angemessenes selbst genutztes Hausgrundstück, § 1908 i i.V.m. § 1836 c Nr. 2 BGB i.V.m. § 90 Abs. 2 SGB XII sowie DVO § 1 zu § 90 Abs. 2 Nr. 9 SGB XII.

Tipp

Informationen zu weiteren Freibeträgen und Einzelheiten für den individuellen Fall können Sie bei den Betreuungsgerichten erfragen.

Ist der Betreute im Sinne dieser Regelungen »vermögend« bzw. »nicht mittellos«, sind Aufwendungsersatz oder Aufwandspauschale vom Vermögen des Betreuten zu zahlen.

!

Der (ehrenamtliche!) Betreuer kann den Geldbetrag unmittelbar dem Vermögen des Betreuten entnehmen, wenn ihm der Aufgabenkreis »Vermögenssorge« übertragen ist.

Auch wenn der Grundsatz gilt, dass der ehrenamtliche Betreuer keine Vergütung für seine Tätigkeit erhält, kann das Betreuungsgericht – wenn der Betreute nicht mittellos ist – eine angemessene Vergütung bewilligen, soweit der Umfang oder die Schwierigkeit der Geschäfte dies rechtfertigen, § 1908 i i.V.m. § 1836 Abs. 2 BGB.

Beispiel

> Ein Betreuter ist vermögend. Zu seinem Vermögen gehören mehrere vermietete Wohnungen. Der ehrenamtliche Betreuer wird in diesem Fall eine angemessene Vergütung bewilligt bekommen, sofern er im Aufgabenbereich »Vermögenssorge« auch die Mietwohnungen verwaltet.

!

Es kommt entscheidend darauf an, dass der Betreute nicht mittellos ist. Denn dieser ausnahmsweise gegebene Vergütungsanspruch richtet sich grundsätzlich nicht gegen die Staatskasse, sondern ausschließlich gegen den nicht mittellosen Betreuten.

Angemessenheit der Vergütung

Eine solche Vergütung kommt aufgrund der Ausnahmeregelung nur in Betracht, wenn die Besorgung der Aufgaben nach Art und Umfang überdurchschnittlich ist. Die Stundensätze der Berufsbetreuer nach dem Vormünder- und Betreuervergütungsgesetz (VBVG), gegebenenfalls auch die besonders gute Vermögenslage des Betreuten, geben gewisse Anhaltspunkte hinsichtlich der »Angemessenheit« der Vergütung.

2. Konkret: ehrenamtliche Betreuer

Wie dargestellt, sind Aufwendungsersatz und Aufwandsentschädigung in den §§ 1835, 1835 a BGB geregelt.

!

Rechnet der Betreuer die mit der Betreuung verbundenen notwendigen Auslagen einzeln ab, muss er sie belegen.

Bei Mittellosigkeit des Betreuten richtet sich der Anspruch auf Ersatz der Aufwendungen gegen die Staatskasse. Anderenfalls wird der Betrag dem Vermögen des nicht mittellosen Betreuten entnommen.

Der ehrenamtliche Betreuer kann anstelle der Einzelabrechnung für jede übernommene Betreuung eine pauschale

Aufwandsentschädigung in Höhe von 323 Euro pro Jahr (Betreuungsjahr) beanspruchen.

Steuerliche Begünstigung

Rückwirkend zum 1. Januar 2007 ist die ehrenamtliche Betreuung bis zu einem Betrag von nunmehr 500 Euro nach § 3 Nr. 26 a Einkommensteuergesetz (EStG) von der Einkommensteuerpflicht befreit, vgl. Tz. 9 des Schreibens des Bundesministeriums der Finanzen (BMF) vom 25. November 2008, Bundessteuerblatt (BStBl) I 985. Durch diese Regelung sind im Ergebnis Aufwandsentschädigungen für zwei Betreuungen im Jahr steuerlich begünstigt. Obwohl die Aufwandsentschädigung für zwei Betreuungen (insgesamt 646 Euro) den Freibetrag (500 Euro) um 146 Euro übersteigt, bleibt auch dieser Betrag steuerfrei, weil er gemäß § 22 Nr. 3 EStG unter der gesetzlichen Freigrenze (256 Euro) für Einkünfte liegt.

✓

Der Gesetzgeber wollte mit diesen Neuregelungen die ehrenamtliche Betreuung fördern.

Ausnahmsweise kommt gleichwohl eine angemessene Vergütung nach Bewilligung durch das Gericht in Betracht, wenn die besondere Schwierigkeit der Geschäfte dies rechtfertigt. Allerdings gilt dies nur bei nicht mittellosen Betreuten, §§ 1908 i, 1836 Abs. 2 BGB.

3. Konkret: Berufsbetreuer

Mit dem 2. BtÄndG, das zum 1. Juli 2005 in Kraft trat, beabsichtigte der Gesetzgeber eine drastische Kostensenkung. Durch die Gesetzesänderung wurde zum einen eine Unterscheidung zwischen mittellosen und vermögenden Betreuten geschaffen. Ferner wurde das Vormünder- und Betreuervergütungsgesetz eingeführt. Für vermögende Betreute ist die Stundenpauschale (pauschaler Zeitansatz) etwas höher. Eine weitere Unterscheidung wird getroffen nach Art der Unterkunft des Betreuten. Heimbewohner zahlen etwas weniger als Personen, die in einer Wohnung außerhalb von Heimen leben. Schließlich wurde außer den genannten Kriterien noch eine zeitliche Staffelung geschaffen, die dem Grundsatz folgt, dass in den ersten

Art der Unterkunft beeinflusst Vergütungsbemessung

Monaten einer Betreuung mehr Arbeit anfällt als in den folgenden, vgl. § 5 VBVG. Deshalb sind die pauschalen Stundenansätze in den ersten Monaten höher als ab dem 13. Monat der Betreuung.

! Zu unterscheiden ist zwischen Stundensatz und Stundenansatz. Zur Ermittlung der monatlichen Vergütung werden die Stundenansätze (pauschale Zeitansätze) mit den konkreten Stundensätzen des jeweiligen Betreuers multipliziert.

Die Stundenansätze

Im Einzelnen sieht die fragliche Bestimmung, § 5 VBVG, folgende Stundenansätze (pauschale Zeitansätze) des Betreuers vor:

Pauschale 1

Nicht mittelloser (vermögender) Betreuter, Aufenthalt zu Hause. Stundenansatz für die ersten drei Monate der Betreuung 8 ½ Stunden, für den vierten bis sechsten Monat 7 Stunden, vom siebten bis zum zwölften Monat 6 Stunden, danach 4 ½ Stunden monatlich.

Pauschale 2

Nicht mittelloser (vermögender) Betreuter, Aufenthalt im Heim. Stundenansatz für die ersten drei Monate der Betreuung 5 ½ Stunden, für den vierten bis sechsten Monat 4 ½ Stunden, für den siebten bis zwölften Monat 4 Stunden, danach 2 ½ Stunden monatlich.

Pauschale 3

Mittelloser Betreuter, Aufenthalt zu Hause. Stundenansatz für die ersten drei Monate der Betreuung 7 Stunden, für den vierten bis sechsten Monat 5 ½ Stunden, für den siebten bis zwölften Monat 5 Stunden, danach 3 ½ Stunden monatlich.

Pauschale 4

Mittelloser Betreuter, Aufenthalt im Heim. Stundenansatz für die ersten drei Monate der Betreuung 4 ½ Stunden, für den vierten bis sechsten Monat 3 ½ Stunden, für den siebten bis zwölften Monat 3 Stunden, danach 2 Stunden monatlich.

Die Struktur des pauschalierten Zeitansatzes richtet sich also nach der Vermögenslage des Betreuten, dem Aufenthalt des Betreuten und der Dauer der Betreuung. Ob und inwieweit diese Pauschalierung sachlich angemessen und insbesondere mit Rücksicht auf die Betreuungstätigkeit vertretbar ist, kann an dieser Stelle nicht erörtert werden.

Außer der eingeführten Stundenpauschale wird bei der Höhe des Stundensatzes (nicht: Stundenansatz!) nach Art der beruflichen/ausbildungsmäßigen Qualifikation des Betreuers unterschieden. Die Stundensätze, vgl. § 4 VBVG, sehen wie folgt aus (Stand: Juli 2009):

- Basissatz: 27 Euro,
- Mittelsatz: 33,50 Euro,
- Höchstsatz: 44 Euro.

Besondere Kenntnisse als Bemessungsgrundlage

Für die Höhe der Stundensätze stellt das Gesetz auf die besonderen Kenntnisse des Betreuers ab, soweit sie für die Führung der Betreuung nutzbar sind. Dabei handelt es sich bei dem Stundensatz mit 27 Euro um den Basissatz. Dieser kann auf den Mittelsatz erhöht werden, wenn die Kenntnisse durch eine abgeschlossene Lehre oder eine vergleichbare abgeschlossene Ausbildung erworben wurden. Der Stundensatz kann auf den Höchstsatz angehoben werden, wenn die Kenntnisse durch eine abgeschlossene Ausbildung an einer Hochschule oder durch eine vergleichbare abgeschlossene Ausbildung erworben wurden.

Es kommt allerdings immer darauf an, dass die besonderen Kenntnisse auch tatsächlich bei der Führung der Betreuung genutzt werden können, § 4 Abs. 1 VBVG.

In den Stundensätzen sind der Ersatz für die Aufwendungen des Betreuers sowie die anfallende Umsatzsteuer bereits enthalten, vgl. § 4 VBVG.

Dies gilt nur für Berufsbetreuer. Wer nur eine oder zwei Betreuungen ehrenamtlich übernimmt, unterliegt gemäß § 4 Nr. 26 b Umsatzsteuergesetz (UStG) nicht der Umsatzsteuer.

Bei Mittellosigkeit zahlt die Staatskasse

Ist der Betreute mittellos, wird die Vergütung aus der Staatskasse gezahlt. Erwirbt der zunächst mittellose Betreute später Vermögen, kann die Staatskasse, soweit sie Zahlungen an den Betreuer erbracht hat, Ersatz vom Betreuten bzw. dessen Erben verlangen, denn die Ansprüche gegen den Betreuten gehen auf die Staatskasse über, § 1836 e BGB. Der übergegangene Anspruch erlischt zehn Jahre nach Ablauf des Jahrs, in dem die Staatskasse die Aufwendungen oder die Vergütung gezahlt hat.

Ist der Betreute nicht mittellos, ist die Vergütung von ihm zu zahlen.

4. Verfahrenspfleger

Soweit das Gericht für den Betreuten einen Verfahrenspfleger bestellt, § 276 FamFG (§ 67 FGG a.F.), erhält dieser Vergütung und Aufwendungsersatz, § 277 FamFG (§ 67 a FGG a.F.).

Auch hier gelten unterschiedliche Regelungen für ehrenamtlich und beruflich tätige Verfahrenspfleger. Ob der Betreute mittellos oder nicht mittellos ist, spielt hierbei keine Rolle. Die Ansprüche des Verfahrenspflegers richten sich unabhängig von der wirtschaftlichen Lage des Betreuten gegen die Staatskasse. Allerdings kann die Staatskasse die Zahlungen als Auslagen des Verfahrens in Rechnung stellen, wenn der Betreute nicht mittellos ist.

Aufwendungsersatz

Verfahrenspfleger können grundsätzlich Ersatz ihrer Aufwendungen nach § 1835 Abs. 1 und Abs. 2 BGB geltend machen, § 277 Abs. 1 FamFG. Bei berufsmäßig geführten Verfahrenspflegschaften kann der Zeitaufwand abgerechnet werden und zwar entweder konkret oder pauschal.

Stundensätze nach Qualifikation

Soweit die Vergütung konkret geltend gemacht wird, besteht Anspruch auf Vergütung der zur Führung der Betreuung aufgewendeten und erforderlichen Zeit. § 277 Abs. 2 FamFG verweist hier auf die §§ 1, 2 und 3 Abs. 1 und Abs. 2 VBVG, wonach je nach Qualifikation des Verfahrenspflegers Nettostundensätze von 19,50 Euro, 25 Euro und 33,50 Euro vergütet werden.

Allerdings kann dem Verfahrenspfleger anstelle des Aufwendungsersatzes und der Vergütung vom Betreuungsgericht ein fester Geldbetrag zugebilligt werden (Pauschalvergütung), § 277 Abs. 3 FamFG. Voraussetzung hierfür ist, dass die für die Führung der Betreuung erforderliche Zeit vorhersehbar und ihre Ausschöpfung durch den Verfahrenspfleger gewährleistet ist, § 277 Abs. 3 FamFG. Die voraussichtlich erforderliche Zeit wird mit den zuvor erwähnten Stundensätzen des § 3 Abs. 1 VBVG vergütet, zuzüglich einer Aufwandspauschale von 3 Euro je veranschlagter Stunde. Im Fall der Pauschalierung muss der Verfahrenspfleger die von ihm aufgewendete Zeit und die eingesetzten Mittel nicht nachweisen, § 277 Abs. 3 S. 3 FamFG.

Pauschalvergütung

!

Kapitel 9
Betreuungsbehörde und Betreuungsverein

Betreuungsbehörden und Betreuungsvereine haben im Wesentlichen unterstützende Aufgaben. Jede Stadt bzw. jeder Kreis verfügt über eine Betreuungsbehörde, die auch Auskunft über die in ihrem Stadt- bzw. Kreisgebiet tätigen Betreuungsvereine geben kann.

1. Betreuungsbehörde

Unterstützung ehrenamtlicher Betreuer

Aufgabe der Betreuungsbehörde ist es im Wesentlichen, Rahmenbedingungen dafür zu schaffen, dass die ehrenamtlichen Betreuer bei der Erfüllung ihrer Tätigkeit begleitet und beraten werden und dass ihnen geholfen wird. Die Betreuungsbehörde befasst sich daher strukturell mit unterstützenden Aufgaben, mit Blick auf alle am Betreuungswesen Beteiligten, das heißt auf

- ehrenamtliche Betreuer,
- Berufsbetreuer,
- Betreuungsvereine,
- Betreuungsgerichte.

✓ Bei der Unterstützung der Betreuer wird der Sachverstand der Betreuungsbehörde für mögliche Hilfsangebote, wie zum Beispiel Einsatz von Haushaltshilfen, Sozialstationen, Vermittlung von Heimplätzen usw., genutzt. Insbesondere zu Beginn ihrer Tätigkeit sind die Betreuer darauf angewiesen, dass sie mit ihren Aufgaben vertraut gemacht werden.

Aufgaben der Behörde

Die Betreuungsbehörde erfüllt unter anderem folgende Aufgaben:

- Sie berät und unterstützt Betreuer und Bevollmächtigte auf ihren Wunsch bei der Wahrnehmung ihrer Aufgaben, § 4 BtBG.

- Sie sorgt dafür, dass in ihrem Bezirk ein ausreichendes Angebot zur Einführung der Betreuer in ihre Aufgaben und zu ihrer Fortbildung vorhanden ist, vgl. § 5 BtBG.
- Sie regt die Tätigkeit einzelner Personen sowie gemeinnütziger und freier Organisationen zugunsten Betreuungsbedürftiger an und fördert diese Tätigkeiten.
- Sie klärt über Vollmachten und Betreuungsverfügungen auf und berät zu diesen Themen, vgl. § 6 BtBG.
- Sie unterstützt das Betreuungsgericht in vielerlei Hinsicht, insbesondere durch Mitteilung von Umständen, die die Bestellung eines Betreuers erforderlich machen, vgl. § 8 BtBG.

2. Betreuungsverein

Mit § 1908 f BGB sind Mindeststandards für die Anerkennung eines Vereins als Betreuungsverein geschaffen. Sie sind Voraussetzung dafür, dass der Verein oder seine Mitarbeiter zum Betreuer bestellt werden können. Das ist im Einzelnen unter Beachtung des Grundsatzes der Subsidiarität, § 1900 BGB, vorgesehen und möglich.

Wichtige Aufgabe der Betreuungsvereine ist es weiterhin, sich planmäßig um die Gewinnung ehrenamtlicher Betreuer zu bemühen, sie in ihre Tätigkeit einzuführen und bei ihrer Tätigkeit zu begleiten. Dies alles soll der Betreuungsverein dadurch sicherstellen, dass er selbst Mitarbeiter beschäftigt, die als berufliche Betreuer tätig sind.

Anhang

Beschluss des Bundesgerichtshofs vom 17. März 2003, Aktenzeichen XII ZB 203 (BGHZ 154, S. 205 ff.; FamRZ 2003, S. 748 ff.)

Sachverhalt

Der Betroffene erlitt am 29. November 2000 infolge eines Myocardinfarktes einen hypoxischen Gehirnschaden im Sinne eines apallischen Syndroms. Seither wird er über eine PEG-Sonde ernährt; eine Kontaktaufnahme mit ihm ist nicht möglich.

Auf Anregung der Klinik, in welcher der Betroffene behandelt wurde, bestellte das Amtsgericht (...) den Sohn des Betroffenen u.a. für die Aufgabenkreise »Sorge für die Gesundheit des Betroffenen, (...), Vertretung gegenüber Behörden (...) und Einrichtungen (z.B. Heimen) (...)« zum Betreuer: Die Betreuung wurde mit Beschluss vom 18. Dezember 2001 verlängert. Am 8. April 2002 hat der Betreuer beim Amtsgericht »die Einstellung der Ernährung über die PEG-Sonde« für seinen Vater beantragt, da eine Besserung des Zustandes seines Vaters nicht zu erwarten sei und die Einstellung dem früher geäußerten Wunsch seines Vaters entspreche. Der Betreuer verweist hierzu auf eine maschinenschriftliche und vom Betroffenen handschriftlich unter Angabe von Ort und Datum unterzeichnete Verfügung mit folgendem Wortlaut:

Verfügung

Für den Fall, dass ich zu einer Entscheidung nicht mehr fähig bin, verfüge ich:

Im Falle meiner irreversiblen Bewusstlosigkeit, schwerster Dauerschäden meines Gehirns oder des dauernden Ausfalls lebenswichtiger Funktionen meines Körpers oder im Endstadium einer zum Tode führenden Krankheit, wenn die Behandlung nur noch dazu führen würde, den Vorgang des Sterbens zu verlängern, will ich:

- *keine Intensivbehandlung,*
- *Einstellung der Ernährung,*
- *nur angst- oder schmerzlindernde Maßnahmen, wenn nötig,*
- *keine künstliche Beatmung,*
- *keine Bluttransfusionen,*
- *keine Organtransplantation,*
- *keinen Anschluss an eine Herz-Lungen-Maschine.*

Meine Vertrauenspersonen sind ... (es folgen die Namen und Adressen der Ehefrau sowie des Sohnes und der Tochter).

Diese Verfügung wurde bei klarem Verstand und in voller Kenntnis der Rechtslage unterzeichnet.

Lübeck, den 27. November 1998 ....

Die Ehefrau und die Tochter des Betroffenen haben erklärt, mit dem Antrag des Betreuers einverstanden zu sein und ihn voll zu unterstützen.

Das Amtsgericht hat den Antrag abgelehnt, da er keine Rechtsgrundlage habe. Die hiergegen gerichtete Beschwerde hat das Landgericht zurückgewiesen. Das im Wege der weiteren Beschwerde angerufene Schleswig-Holsteinische Oberlandesgericht war der Ansicht, dass die Einwilligung des Betreuers in einem solchen Fall nicht genehmigungsbedürftig sei und hat die Sache dem Bundesgerichtshof zur Entscheidung vorgelegt.

Beschluss des Bundesgerichtshofs

Das Rechtsmittel ist begründet. Der Betreuer hat beantragt, die künstliche Ernährung des Betroffenen einzustellen. Damit möchte er erreichen, dass das Vormundschaftsgericht seiner Entscheidung, nicht länger in die künstliche Ernährung des Betroffenen einzuwilligen, zustimmt. Die Vorinstanzen haben es zu Unrecht abgelehnt, in der Sache tätig zu werden.

(...)

Die Beibehaltung einer Magensonde und die mit ihrer Hilfe ermöglichte künstliche Ernährung sind fortdauernde

Eingriffe in die körperliche Integrität des Patienten. (...) Solche Eingriffe bedürfen – ebenso wie das ursprüngliche Legen der Sonde – grundsätzlich der Einwilligung des Patienten. Ist der Patient im Zeitpunkt der Maßnahme nicht einwilligungsfähig, so gilt: Eine frühere Willensbekundung, mit welcher der Patient seine Einwilligung in Maßnahmen der in Frage stehenden Art für eine Situation, wie sie jetzt eingetreten ist, erklärt oder verweigert hat, wirkt, falls der Patient sie nicht widerrufen hat, fort. (...). Die inzwischen eingetretene Einwilligungsunfähigkeit ändert nach dem Rechtsgedanken des § 130 Abs. 2 BGB an der fortdauernden Maßgeblichkeit des früher erklärten Willens nichts. Ist eine solche frühere Willensbekundung nicht bekannt, beurteilt sich die Zulässigkeit der Maßnahme, falls unaufschiebbar, nach dem mutmaßlichen Willen des Patienten, bis für diesen ein Betreuer bestellt ist (...).

Ist – wie hier – für den einwilligungsunfähigen Patienten ein Betreuer bestellt und erreichbar, vermag der mutmaßliche Patientenwille allein einen Eingriff in die persönliche Integrität des Patienten nicht länger zu rechtfertigen (...). Mit der Bestellung des Betreuers ist die rechtliche Handlungsfähigkeit des Betroffenen wiederhergestellt; Arzt und Pflegepersonal können deshalb nicht mehr unmittelbar auf den Willen des einwilligungsunfähigen Patienten »durchgreifen« (...). Eine Willensbekundung, mit welcher der Betroffene seine Einwilligung in die in Frage stehenden Maßnahmen und für die jetzt eintretende Situation erklärt oder verweigert hat, wirkt weiterhin – als Ausfluss seines Selbstbestimmungsrechts – fort. Als gesetzlicher Vertreter hat der Betreuer die exklusive Aufgabe, dem Willen des Betroffenen gegenüber Arzt und Pflegepersonal in eigener rechtlicher Verantwortung und nach Maßgabe des § 1901 BGB Ausdruck und Geltung zu verschaffen.

Daraus ergibt sich für den vorliegenden Fall: Die Beibehaltung der Sonde und die Fortführung der über sie ermöglichten künstlichen Ernährung bedürfen, da eine Einwilligung des Betroffenen nicht vorliegt, der Einwilligung des Betreuers. Mit dem Verlangen, diese Behandlung nicht fortzusetzen, hat der Betreuer die erforderliche Einwilligung verweigert.

(...)

Die Frage, unter welchen medizinischen Voraussetzungen die Rechtsordnung gestattet, lebensverlängernde Maßnahmen zu unterlassen oder nicht fortzuführen, hat der Bundesgerichtshof in einer Strafsache dahin entschieden, dass das Grundleiden des Kranken nach ärztlicher Überzeugung unumkehrbar (irreversibel) sein und einen tödlichen Verlauf angenommen haben müsse (Urteil vom 13. September 1993, 1 StR 357/94; NJW 1995, 204). Werde in einem solchen Fall der Tod in kurzer Zeit eintreten, so rechtfertige die unmittelbare Todesnähe es, von einer Hilfe für den Sterbenden und »Hilfe beim Sterben«, kurz von »Sterbehilfe« zu sprechen und dem Arzt den Abbruch lebensverlängernder Maßnahmen zu erlauben. In Fällen, in denen das Grundleiden zwar einen irreversiblen tödlichen Verlauf angenommen habe, das Merkmal der unmittelbaren Todesnähe aber nicht gegeben sei und der Sterbevorgang somit noch nicht eingesetzt habe, liege eine Sterbehilfe im eigentlichen Sinne nicht vor. Auch wenn der Abbruch lebenserhaltender Maßnahmen (auch im damals entschiedenen Fall: einer künstlichen Ernährung über eine Magensonde) unter solchen Umständen zum Teil bereits als Sterbehilfe im weiteren Sinne oder als »Hilfe zum Sterben« bezeichnet werde und bei entsprechendem Patientenwillen als Ausdruck der allgemeinen Entscheidungsfreiheit und des Rechts auf körperliche Unversehrtheit grundsätzlich anzuerkennen sei, seien doch an die Annahme des mutmaßlichen Willens erhöhte Anforderungen insbesondere im Vergleich zur eigentlichen Sterbehilfe zu stellen.

Diese objektive Eingrenzung zulässiger Sterbehilfe ist auch für das Zivilrecht verbindlich; denn die Zivilrechtsordnung kann nicht erlauben, was das Strafrecht verbietet. Aus ihr folgt, dass für das Verlangen des Betreuers, eine medizinische Behandlung einzustellen, kein Raum ist, wenn das Grundleiden des Betroffenen noch keinen irreversiblen tödlichen Verlauf angenommen hat und durch die Maßnahme das Leben des Betroffenen verlängert oder erhalten wird. Richtig ist zwar, dass der Arzt das Selbstbestimmungsrecht des einwilligungsfähigen Patienten zu achten und deshalb keine – auch keine lebenserhaltenden – Maßnahmen gegen dessen Willen vornehmen darf (...). Die Entscheidungsmacht des Betreuers ist jedoch mit der aus dem Selbstbestimmungsrecht folgenden Entscheidungsmacht des einwilligungsfähigen Patienten nicht deckungsgleich, sondern als gesetzliche Vertretungsmacht an rechtliche Vorgaben gebunden; nur soweit sie sich im Rahmen dieser Bindung hält, kann sie sich gegenüber der Verpflichtung des Arztes, das Leben des Patienten zu erhalten, durchsetzen. Das bedeutet: Die medizinischen Voraussetzungen, unter denen das Recht eine vom gesetzlichen Vertreter konsentierte Sterbehilfe (auch im weiteren Sinne) gestattet, binden den Arzt ebenso wie den gesetzlichen Vertreter. Liegen sie nicht vor, ist die Sterbehilfe rechtswidrig; sie wird nicht dadurch rechtmäßig, dass der gesetzliche Vertreter in sie – und sei es auch mit Einwilligung des Vormundschaftsgerichts – einwilligt. Deshalb ist die Verweigerung der Einwilligung hier insoweit ebenso irrelevant wie eine etwaige Billigung dieser Verweigerung durch das Vormundschaftsgericht.

(...)

Der Bundesgerichtshof hat in seinem Urteil vom 13. September 1994 (...) das Unterlassen oder den Abbruch lebensverlängernder oder lebenserhaltender Maßnahmen – bei Vorliegen der medizinischen Voraussetzungen – allerdings nur dann als rechtmäßig erachtet, wenn das Unterlassen oder der Abbruch der Maßnahmen dem – im entschiedenen Fall: mutmaßlichen – Willen des Patienten entspricht. Diese Ausrichtung auf den Willen des Betroffenen korrespondiert mit den Vorgaben, die auch § 1901 BGB für das Betreuerhandeln normiert. Maßgebend sind nach § 1901 Abs. 3 S. 1, 2 BGB die – auch früher geäußerten (§ 1901 Abs. 3 S. 2 Halbs. 1 BGB) – Wünsche des Betroffenen, sofern sie sich feststellen lassen, nicht durch entgegenstehende Bekundungen widerrufen sind (§ 1901

Abs. 3 S. 2 Halbs. 2 BGB) und dem Wohl des Betreuten nicht zuwiderlaufen (§ 1901 Abs. 3 S. 1 Halbs. 2 BGB). Das Wohl des Betreuten ist dabei nicht nur objektiv, sondern – im Grundsatz sogar vorrangig (...) – subjektiv zu verstehen; denn »zum Wohl des Betreuten gehört auch die Möglichkeit, (...) sein Leben nach seinen eigenen Vorstellungen und Wünschen zu gestalten« (§ 1901 Abs. 2 S. 2 BGB). Nichts anderes gilt, wenn sich – auf die vorliegende Situation bezogene – Wünsche des Betroffenen nicht feststellen lassen: Dann hat sich der Betreuer nach § 1901 Abs. 2 S. 1 BGB am »Wohl des Betreuten« zu orientieren, dies aber nach § 1901 Abs. 2 S. 2 BGB aus Sicht des Betreuten – d.h. nach dessen Lebensentscheidungen, Wertvorstellungen und Überzeugungen – zu bestimmen (...); man kann insoweit von einem (individuell-)mutmaßlichen Willen des Betroffenen sprechen (...). Allerdings kommt die Berücksichtigung eines solchen (individuell-) mutmaßlichen Willens nur hilfsweise in Betracht, wenn und soweit nämlich eine im einwilligungsfähigen Zustand getroffene »antizipative« Willensbekundung des Betroffenen – mag sie sich als Einwilligung in oder als Veto gegen eine bestimmte medizinische Behandlung darstellen – nicht zu ermitteln ist. Liegt eine solche Willensäußerung etwa – wie hier – in Form einer sog. »Patientenverfügung« vor, bindet sie als Ausdruck des fortwirkenden Selbstbestimmungsrechts, aber auch der Selbstverantwortung des Betroffenen den Betreuer; denn schon die Würde des Betroffenen (Art. 1 Abs. 1 GG) verlangt, dass eine von ihm eigenverantwortlich getroffene Entscheidung auch dann noch respektiert wird, wenn er die Fähigkeit zu eigenverantwortlichem Entscheiden inzwischen verloren hat. Die Willensbekundung des Betroffenen für oder gegen bestimmte medizinische Maßnahmen darf deshalb vom Betreuer nicht durch einen »Rückgriff auf den mutmaßlichen Willen« des Betroffenen »korrigiert« werden, es sei denn, dass der Betroffene sich von seiner früheren Verfügung mit erkennbarem Widerrufswillen distanziert oder die Sachlage sich nachträglich so erheblich geändert hat, dass die frühere selbstverantwortlich getroffene Entscheidung die aktuelle Sachlage nicht umfasst (...).

Auch wenn der Betreuer somit strikt an den wirklichen und (nur) hilfsweise an den mutmaßlichen Willen des Betroffenen gebunden ist, so spricht dies ebenfalls nicht gegen die Möglichkeit, das Verlangen des Betreuers, die künstliche Ernährung des Betroffenen einzustellen, einer vormundschaftsgerichtlichen Kontrolle zu unterziehen. Ein vormundschaftsgerichtliches Verfahren böte nicht nur den Rahmen für eine Prüfung, ob der Betreuer den Willen des Betroffenen mit der Vorlage der von diesem getroffenen Verfügung erschöpfend ermittelt hat oder ob die Umstände des Einzelfalles weitere Erkundungen geboten erscheinen lassen. Sie eröffnete auch die Möglichkeit, für alle Beteiligten verbindlich festzustellen, dass die vom Betreuer gewünschte Einstellung der Behandlung in der nunmehr vorliegenden Situation dem in der Verfügung zum Ausdruck gelangten Willen des Betroffenen entspricht (...).

(...)

Nur soweit ärztlicherseits eine lebensverlängernde oder -erhaltende Behandlung angeboten wird, ist eine Einwilligung des Betreuers als gesetzlicher Vertreter des einwilligungsunfähigen Patienten überhaupt erforderlich. Ein Unterlassen (erst recht eine Verweigerung) der Einwilligung in die angebotene Behandlung wird – nach der im Wege der Rechtsfortbildung gewonnenen Auffassung des Senats – jedoch nur mit Zustimmung des Vormundschaftsgerichts wirksam. Eine lebensverlängernde oder -erhaltende Behandlung des einwilligungsunfähigen Patienten ist bei medizinischer Indikation deshalb auch ohne die Einwilligung des Betreuers zunächst – bis zu einer Entscheidung des Vormundschaftsgerichts – durchzuführen oder fortzusetzen. Das Vormundschaftsgericht hat das Verhalten des Betreuers (...) auf seine Rechtsmäßigkeit hin zu überprüfen; es trifft also keine eigene Entscheidung gegen lebensverlängernde oder -erhaltende Maßnahmen (...). Das Vormundschaftsgericht muss der Entscheidung des Betreuers gegen eine solche Behandlung zustimmen, wenn feststeht, dass die Krankheit des Betroffenen einen irreversiblen tödlichen Verlauf genommen hat und die ärztlicherseits angebotene Behandlung dem früher erklärten und fortgeltenden Willen des Betroffenen, hilfsweise dessen (individuell-)mutmaßlichen Willen widerspricht. Die Frage, ob das Vormundschaftsgericht der Entscheidung des Betreuers gegen eine solche Behandlung auch dann zustimmen darf, wenn sich ein entsprechender wirklicher oder mutmaßlicher Wille trotz erschöpfender Nachforschungen des Betreuers nicht feststellen lässt, wird namentlich dann praktisch, wenn das Vormundschaftsgericht zu einer Beurteilung der medizinischen Indikation gelangt, die von der – diese Indikation bejahenden – Bewertung des behandelnden Arztes abweicht; (...). Stimmt das Vormundschaftsgericht der eine Behandlung oder Weiterbehandlung ablehnenden Entscheidung des Betreuers zu, ist dessen Einwilligung nicht länger entbehrlich und die Nichterteilung dieser Einwilligung wirksam. Verweigert das Vormundschaftsgericht dagegen seine Zustimmung, so gilt damit zugleich die Einwilligung des Betreuers in die angebotene Behandlung oder Weiterbehandlung des Betroffenen als ersetzt. Das vormundschaftsgerichtliche Verfahren ist dem Richter vorbehalten (...).

(...)

Mit diesem Zustimmungserfordernis wird dem Schutz des Betroffenen in seinen Grundrechten auf Leben, Selbstbestimmung und Menschenwürde in ausgewogener Weise Rechnung getragen (...). Zugleich zielt dieses Erfordernis auf Schutz und Fürsorge für den Betreuer: Indem das Betreuungsrecht dem Betreuer unter Umständen eine Entscheidung gegen eine lebensverlängernde oder -erhaltende Behandlung des Betroffenen abverlangt, bürdet es ihm eine Last auf, die allein zu tragen dem Betreuer nicht zugemutet werden kann (...). Da das Recht vom Einzelnen nichts Unzumutbares verlangen kann, erscheint es dem Senat zwingend geboten, den Betreuer durch das vormundschaftsgerichtliche Prüfungsverfahren zu entlasten. Dieses

Verfahren bietet einen justizförmigen Rahmen, innerhalb dessen die rechtlichen – auch strafrechtlichen Grenzen des Betreuerhandelns geklärt und der wirkliche oder mutmaßliche Willen des Betroffenen – im Rahmen des Möglichen umfassend – ermittelt werden kann (...). Das Prüfungsverfahren vermittelt der Entscheidung des Betreuers damit eine Legitimität, die geeignet ist, den Betreuer subjektiv zu entlasten sowie seine Entscheidung objektiv anderen Beteiligten zu vermitteln (...), und die ihn zudem vor dem Risiko einer abweichenden strafrechtlichen Ex-Post-Beurteilung schützt (...). Die Beschränkung des Prüfungsvorbehalts auf Fälle, in denen eine lebensverlängernde oder -erhaltende Behandlung des Betroffenen medizinisch indiziert ist oder jedenfalls ärztlicherseits angeboten wird, der Betreuer aber in die angebotene Behandlung nicht einwilligt, stellt schließlich sicher, dass die Vormundschaftsgerichte nur in Konfliktlagen angerufen werden können; damit wird vermieden, dass die Vormundschaftsgerichte generell zur Kontrolle über ärztliches Verhalten am Ende des Lebens berufen und dadurch mit einer Aufgabe bedacht werden, die ihnen nach ihrer Funktion im Rechtssystem nicht zukommt, nicht ohne Weiteres auf Fälle der Betreuung einwilligungsunfähiger Patienten beschränkt werden könnte und wohl auch sonst ihre Möglichkeiten weit überfordern würde.

(...)

Beschluss des Bundesgerichtshofs vom 8. Juni 2005, Aktenzeichen XII ZR 177/03 (BGHZ 163, S. 195 ff.)

Sachverhalt

Der ursprüngliche Kläger hatte, vertreten durch seinen Vater als Betreuer, von der Beklagten verlangt, seine künstliche Ernährung einzustellen, um ihn sterben zu lassen. Der Kläger litt seit einem Suizidversuch am 19. Juli 1998 an einem apallischen Syndrom im Sinne eines Wachkomas. Er befand sich seit dem 10. September 1998 aufgrund eines von seinem Betreuer von ihm abgeschlossenen Heimvertrages im Pflegeheim der Beklagten. Dort wurde er von dem niedergelassenen Arzt Dr. S. behandelt und vom Pflegepersonal der Beklagten mittels einer – bereits vor der Aufnahme in das Heim eingebrachten – PEG-Sonde künstlich ernährt.

Am 14. Dezember 2001 ordnete Dr. S. im Einvernehmen mit dem Betreuer an, die künstliche Ernährung einzustellen und die Zuführung von Flüssigkeit über die Magensonde zu reduzieren. Über die Magensonde seien nur noch 500 ml kalorienfreie Flüssigkeit zuzuführen, denen im Einzelnen bezeichnete Medikamente beizufügen seien. Dem Kläger solle ein Vernebler vor den Mund gebracht werden. Es sollten eine intensive Mundpflege durchgeführt und ein Schmerzpflaster aufgeklebt werden.

Die Beklagte lehnte die Durchführung dieser Anordnung, bei deren Befolgung der Kläger binnen (max.) acht bis zehn Tagen an einer Nierenvergiftung sterben würde, u. a. mit der Begründung ab, ihre Pflegekräfte weigerten sich, der ärztlichen Anordnung nachzukommen.

Mit seiner Klage hatte der Kläger von der Beklagten begehrt, seine künstliche Ernährung in jeglicher Form zu unterlassen; außerdem hatte er von der Beklagten verlangt, die Anordnung des Dr. S. sowie sämtliche weiteren, ihn betreffenden palliativmedizinischen Anordnungen des verantwortlich behandelnden Arztes, insbesondere zur

Durstverhinderung und im Rahmen der Schmerztherapie, durchzuführen.

Landgericht und Oberlandesgericht wiesen die Klage ab. Der Kläger verfolgte sein Begehren mit der vom Senat zugelassenen Revision weiter.

Beschluss des Bundesgerichtshofs

(...)

Die mit Hilfe einer Magensonde durchgeführte künstliche Ernährung ist ein Eingriff in die körperliche Integrität, der deshalb die Einwilligung des Patienten bedarf. (...) Eine gegen den erklärten Willen des Patienten durchgeführte künstliche Ernährung ist folglich eine rechtswidrige Handlung, deren Unterlassung der Patient analog § 1004 Abs. 1 S. 2 i.V.m. § 823 Abs. 1 BGB verlangen kann. Dies gilt auch dann, wenn die begehrte Unterlassung – wie hier – zum Tode des Patienten führen würde. Das Recht des Patienten zur Bestimmung über seinen Körper macht Zwangsbehandlungen, auch wenn sie lebenserhaltend wirken, unzulässig (...).

Die künstliche Ernährung des Klägers widersprach dem vom Betreuer als wirklicher oder mutmaßlicher Wille des Klägers geäußerten Willen. Der Vater des Klägers war in den Aufgabenkreisen, für die er zum Betreuer des Klägers bestellt worden war, dessen gesetzlicher Vertreter (§ 1902 BGB). Zu den ihm übertragenen Aufgabenkreisen, die u. a. die »Sorge für die Gesundheit und die Vertretung gegenüber Dritten« umfassten, gehört auch die Entscheidung, ob und inwieweit in die körperliche Integrität des Klägers eingegriffen werden darf. Der Betreuer hat dem Willen des Klägers in eigener rechtlicher Verantwortung und nach Maßgabe des § 1901 BGB Geltung zu verschaffen. Seine Anordnung, die weitere künstliche Ernährung des Klägers zu unterlassen, war deshalb gegenüber der Beklagten und ihrem Pflegepersonal bindend. Eine eigene Prüfungskompetenz, ob und inwieweit die getroffene Entscheidung der von § 1901 Abs. 2 bis 4 BGB normierten Pflichtenbindung gerecht wird, stand der Beklagten nicht zu; sie ist insoweit – wie jeder Dritte auch – auf die Möglichkeit beschränkt, beim Vormundschaftsgericht eine Überprüfung des Betreuerhandelns mit dem Ziel aufsichtsrechtlicher Maßnahmen nach § 1908 Abs. 1 S. 1 i.V.m. § 1837 Abs. 1 bis 3, § 1836 BGB anzuregen.

Die Weigerung des Betreuers, in eine weitere künstliche Ernährung des Klägers durch die Beklagte einzuwilligen, bedurfte im vorliegenden Fall auch keiner vormundschaftsgerichtlichen Genehmigung.

Wie der Senat (...) dargelegt hat, ist das Vormundschaftsgericht nur dann zu einer Entscheidung berufen, wenn der einen einwilligungsunfähigen Patienten behandelnde Arzt eine lebenserhaltende oder -verlängernde Maßnahme für medizinisch geboten oder vertretbar erachtet und sie deshalb »anbietet« und der Betreuer sich diesem Angebot verweigert. Ein solcher, die Kontrollzuständigkeit des Vormundschaftsgerichts auslösender Konflikt bestand hier nicht. Der Betreuer und der behandelnde Arzt hatten sich übereinstimmend gegen eine weitere künstliche Ernährung des Klägers entschieden. Das Beharren der Beklagten, die künstliche Ernährung entgegen der ärztlichen Anordnung fortzusetzen, begründete keine dem Widerstreit von ärztlicher Empfehlung und Betreueranordnung vergleichbare Konfliktsituation.

Der mit dem Kläger geschlossene Heimvertrag berechtigt die Beklagte nicht, die künstliche Ernährung des Klägers gegen seinen – durch seinen Betreuer verbindlich geäußerten – Willen fortzusetzen. Das vom Betreuer wahrgenommene Recht des Klägers zur Bestimmung über den eigenen Körper ist einem antizipierten Verzicht nicht zugänglich (...). Eine einmal erteilte Einwilligung in einen Eingriff in die körperliche Integrität kann bis zu dessen Vornahme jederzeit widerrufen werden (...); ebenso kann der Fortsetzung einer Dauerbehandlung jederzeit widersprochen werden. Selbst wenn, wie das Oberlandesgericht meint, die Parteien mit dem Heimvertrag das Recht des Klägers auf Selbstbestimmung einschränken oder dort die Grenzen dieses Rechts bindend festlegen wollen, konnten sie eine solche Einschränkung oder Bindung rechtwirksam nicht vereinbaren. Der Widerruf einer mit dem Abschluss des Heimvertrags erteilten Einwilligung des Klägers in seine künstliche Ernährung wurde durch den Heimvertrag folglich nicht gehindert. Ohne Belang ist auch, ob sich die Beklagte in dem Heimvertrag zu einer auch die künstliche Ernährung des Klägers umfassende Versorgung verpflichtet hatte. Denn eine solche Leistungspflicht begründete jedenfalls keine Rechtspflicht des Klägers, die von der Beklagten geschuldete Leistung anzunehmen (…).

Entgegen der Auffassung des Oberlandesgerichts stand der Beklagten gegenüber dem Unterlassungsbegehren des Klägers auch kein Verweigerungsrecht zu, das sich aus den in Art. 1, 2 und 4 GG verbürgten Rechten der Beklagten oder ihrer Pflegekräfte ableiten ließe. Zwar sind die Pflegekräfte der Beklagten auch in ihrer beruflichen Tätigkeit Träger der Menschenwürde (Art. 1 Abs. 1 GG). Das bedeutet jedoch nicht, dass damit auch ihre ethischen oder medizinischen Vorstellungen vom Schutzbereich des Art. 1 Abs. 1 GG umfasst sind oder mit dem verlangten Unterlassen in diesen Schutzbereich eingegriffen würde (...). Ein Verstoß gegen Art. 2 GG ist nicht ersichtlich; insbesondere fand das Selbstbestimmungsrecht der Pflegekräfte am entgegenstehenden Willen des Klägers bzw. des für ihn handelnden Betreuers – also an den »Rechten anderer« (Art. 2 Abs. 1 GG) – ihre Grenze. Die Frage, ob das Verlangen des Klägers die Gewissensfreiheit (Art. 4 Abs. 1 GG) des Pflegepersonals berührte, kann letztlich dahinstehen. Soweit das Strafrecht die künstliche Ernährung eines willensunfähigen Patienten gebietet (...) bedarf es eines Rückgriffs auf Art. 4 Abs. 1 GG nicht; niemand darf zu unerlaubten Handlungen gezwungen werden. Im Übrigen verleiht die Gewissensfreiheit dem Pflegepersonal aber kein Recht, sich durch aktives Handeln über das Selbstbestimmungsrecht des durch seinen Betreuer vertretenen Klägers hinwegzusetzen und seinerseits in dessen Recht auf körperliche Unversehrtheit einzugreifen (...).

(...)

Grundsätze der Bundesärztekammer zur ärztlichen Sterbebegleitung vom 7. Mai 2004

Präambel

Aufgabe des Arztes ist es, unter Beachtung des Selbstbestimmungsrechtes des Patienten Leben zu erhalten, Gesundheit zu schützen und wiederherzustellen sowie Leiden zu lindern und Sterbenden bis zum Tod beizustehen. Die ärztliche Verpflichtung zur Lebenserhaltung besteht daher nicht unter allen Umständen.

So gibt es Situationen, in denen sonst angemessene Diagnostik und Therapieverfahren nicht mehr angezeigt und Begrenzungen geboten sein können. Dann tritt palliativmedizinische Versorgung in den Vordergrund. Die Entscheidung hierzu darf nicht von wirtschaftlichen Erwägungen abhängig gemacht werden.

Unabhängig von anderen Zielen der medizinischen Behandlung hat der Arzt in jedem Fall für eine Basisbetreuung zu sorgen. Dazu gehören u. a.: menschenwürdige Unterbringung, Zuwendung, Körperpflege, Lindern von Schmerzen, Atemnot und Übelkeit sowie Stillen von Hunger und Durst.

Art und Ausmaß einer Behandlung sind gemäß der medizinischen Indikation vom Arzt zu verantworten; dies gilt auch für die künstliche Nahrungs- und Flüssigkeitszufuhr. Er muss dabei den Willen des Patienten beachten. Ein offensichtlicher Sterbevorgang soll nicht durch lebenserhaltende Therapien künstlich in die Länge gezogen werden. Bei seiner Entscheidungsfindung soll der Arzt mit ärztlichen und pflegenden Mitarbeitern einen Konsens suchen.

Aktive Sterbehilfe ist unzulässig und mit Strafe bedroht, auch dann, wenn sie auf Verlangen des Patienten geschieht. Die Mitwirkung des Arztes bei der Selbsttötung widerspricht dem ärztlichen Ethos und kann strafbar sein.

Diese Grundsätze können dem Arzt die eigene Verantwortung in der konkreten Situation nicht abnehmen. Alle Entscheidungen müssen individuell erarbeitet werden.

I. Ärztliche Pflichten bei Sterbenden

Der Arzt ist verpflichtet, Sterbenden, d.h. Kranken oder Verletzten mit irreversiblem Versagen einer oder mehrerer vitaler Funktionen, bei denen der Eintritt des Todes in kurzer Zeit zu erwarten ist, so zu helfen, dass sie unter menschenwürdigen Bedingungen sterben können.

Die Hilfe besteht in palliativmedizinischer Versorgung und damit auch in Beistand und Sorge für Basisbetreuung. Dazu gehören nicht immer Nahrungs- und Flüssigkeitszufuhr, da sie für Sterbende eine schwere Belastung darstellen können. Jedoch müssen Hunger und Durst als subjektive Empfindungen gestillt werden.

Maßnahmen zur Verlängerung des Lebens dürfen in Übereinstimmung mit dem Willen des Patienten unterlassen oder nicht weitergeführt werden, wenn diese nur den Todeseintritt verzögern und die Krankheit in ihrem Verlauf nicht mehr aufgehalten werden kann. Bei Sterbenden kann die Linderung des Leidens so im Vordergrund stehen, dass eine möglicherweise dadurch bedingte unvermeidbare Lebensverkürzung hingenommen werden darf. Eine gezielte Lebensverkürzung durch Maßnahmen, die den Tod herbeiführen oder das Sterben beschleunigen sollen, ist als aktive Sterbehilfe unzulässig und mit Strafe bedroht.

Die Unterrichtung des Sterbenden über seinen Zustand und mögliche Maßnahmen muss wahrheitsgemäß sein, sie soll sich aber an der Situation des Sterbenden orientieren und vorhandenen Ängsten Rechnung tragen. Der Arzt kann auch Angehörige des Patienten und diesem nahestehende Personen informieren, wenn er annehmen darf, dass dies dem Willen des Patienten entspricht. Das Gespräch mit ihnen gehört zu seinen Aufgaben.

II. Verhalten bei Patienten mit infauster Prognose

Bei Patienten, die sich zwar noch nicht im Sterben befinden, aber nach ärztlicher Erkenntnis aller Voraussicht nach in absehbarer Zeit sterben werden, weil die Krankheit weit fortgeschritten ist, kann eine Änderung des Behandlungszieles indiziert sein, wenn lebenserhaltende Maßnahmen Leiden nur verlängern würden und die Änderung des Therapieziels dem Willen des Patienten entspricht. An die Stelle von Lebensverlängerung und Lebenserhaltung treten dann palliativmedizinische Versorgung einschließlich pflegerischer Maßnahmen. In Zweifelsfällen sollte eine Beratung mit anderen Ärzten und den Pflegenden erfolgen.

Bei Neugeborenen mit schwersten Beeinträchtigungen durch Fehlbildungen oder Stoffwechselstörungen, bei denen keine Aussicht auf Heilung oder Besserung besteht, kann nach hinreichender Diagnostik und im Einvernehmen mit den Eltern eine lebenserhaltende Behandlung, die ausgefallene oder ungenügende Vitalfunktionen ersetzen soll, unterlassen oder nicht weitergeführt werden. Gleiches gilt für extrem unreife Kinder, deren unausweichliches Sterben abzusehen ist, und für Neugeborene, die schwerste Zerstörungen des Gehirns erlitten haben. Eine weniger schwere Schädigung ist kein Grund zur Vorenthaltung oder zum Abbruch lebenserhaltender Maßnahmen, auch dann nicht, wenn Eltern dies fordern. Wie bei Erwachsenen gibt es keine Ausnahmen von der Pflicht zu leidensmindernder Behandlung und Zuwendung, auch nicht bei unreifen Frühgeborenen.

III. Behandlung bei schwerster zerebraler Schädigung und anhaltender Bewusstlosigkeit

Patienten mit schwersten zerebralen Schädigungen und anhaltender Bewusstlosigkeit (apallisches Syndrom; auch sogenanntes Wachkoma) haben, wie alle Patienten, ein Recht auf Behandlung, Pflege und Zuwendung. Lebenserhaltende Therapie einschließlich – ggf. künstlicher – Ernährung ist daher unter Beachtung ihres geäußerten Willens oder mutmaßlichen Willens grundsätzlich geboten. Soweit bei diesen Patienten eine Situation eintritt, wie unter I und II beschrieben, gelten die dort dargelegten Grundsätze. Die Dauer der Bewusstlosigkeit darf kein alleiniges Kriterium für den Verzicht auf lebenserhaltende Maßnahmen sein. Hat der Patient keinen Bevollmächtigten in Gesundheitsangelegenheiten, wird in der Regel die Bestellung eines Betreuers erforderlich sein.

IV. Ermittlung des Patientenwillens

Bei einwilligungsfähigen Patienten hat der Arzt die durch den angemessen aufgeklärten Patienten aktuell geäußerte Ablehnung einer Behandlung zu beachten, selbst wenn sich dieser Wille nicht mit den aus ärztlicher Sicht gebotenen Diagnose- und Therapiemaßnahmen deckt. Das gilt auch für die Beendigung schon eingeleiteter lebenserhaltender Maßnahmen. Der Arzt soll Kranken, die eine notwendige Behandlung ablehnen, helfen, die Entscheidung zu überdenken.

Bei einwilligungsunfähigen Patienten ist die in einer Patientenverfügung zum Ausdruck gebrachte Ablehnung einer Behandlung für den Arzt bindend, sofern die konkrete Situation derjenigen entspricht, die der Patient in der Verfügung beschrieben hat, und keine Anhaltspunkte für eine nachträgliche Willensänderung erkennbar sind.

Soweit ein Vertreter (z. B. Eltern, Betreuer oder Bevollmächtigter in Gesundheitsangelegenheiten) vorhanden ist, ist dessen Erklärung maßgeblich; er ist gehalten, den (ggf. auch mutmaßlichen) Willen des Patienten zur Geltung zu bringen und zum Wohl des Patienten zu entscheiden. Wenn der Vertreter eine ärztlich indizierte lebenserhaltende Maßnahme ablehnt, soll sich der Arzt an das Vormundschaftsgericht wenden. Bis zur Entscheidung des Vormundschaftsgerichts soll der Arzt die Behandlung durchführen.

Liegt weder vom Patienten noch von einem gesetzlichen Vertreter oder einem Bevollmächtigten eine bindende Erklärung vor und kann eine solche nicht – auch nicht durch Bestellung eines Betreuers – rechtzeitig eingeholt werden, so hat der Arzt so zu handeln, wie es dem mutmaßlichen Willen des Patienten in der konkreten Situation entspricht. Der Arzt hat den mutmaßlichen Willen aus den Gesamtumständen zu ermitteln. Anhaltspunkte für den mutmaßlichen Willen des Patienten können neben früheren Äußerungen seine Lebenseinstellung, seine religiöse Überzeugung, seine Haltung zu Schmerzen und zu schweren Schäden in der ihm verbleibenden Lebenszeit sein. In die Ermittlung des mutmaßlichen Willens sollen auch Angehörige oder nahestehende Personen als Auskunftspersonen einbezogen werden, wenn angenommen werden kann, dass dies dem Willen des Patienten entspricht.

Lässt sich der mutmaßliche Wille des Patienten nicht anhand der genannten Kriterien ermitteln, so soll der Arzt für den Patienten die ärztlich indizierten Maßnahmen ergreifen und sich in Zweifelsfällen für Lebenserhaltung entscheiden. Dies gilt auch bei einem apallischen Syndrom.

V. Patientenverfügungen, Vorsorgevollmachten und Betreuungsverfügungen

Mit Patientenverfügungen, Vorsorgevollmachten und Betreuungsverfügungen nimmt der Patient sein Selbstbestimmungsrecht wahr. Sie sind eine wesentliche Hilfe für das Handeln des Arztes.

Eine Patientenverfügung (auch »Patiententestament« genannt) ist eine schriftliche oder mündliche Willensäußerung eines einwilligungsfähigen Patienten zur zukünftigen Behandlung für den Fall der Äußerungsunfähigkeit. Mit ihr kann der Patient seinen Willen äußern, ob und in welchem Umfang bei ihm in bestimmten, näher umrissenen Krankheitssituationen medizinische Maßnahmen eingesetzt oder unterlassen werden sollen.

Anders als ein Testament bedürfen Patientenverfügungen keiner Form, sollten aber schriftlich abgefasst sein. Mit einer Vorsorgevollmacht kann der Patient für den Fall, dass er nicht mehr in der Lage ist, seinen Willen zu äußern, eine oder mehrere Personen bevollmächtigen, Entscheidungen mit bindender Wirkung für ihn, u.a. in seinen Gesundheitsangelegenheiten, zu treffen (§ 1904 Abs. 2 BGB).

Vorsorgevollmachten sollten schriftlich abgefasst sein und die von ihnen umfassten ärztlichen Maßnahmen möglichst benennen. Eine Vorsorgevollmacht muss schriftlich niedergelegt werden, wenn sie sich auf Maßnahmen erstreckt, bei denen die begründete Gefahr besteht, dass der Patient stirbt oder einen schweren und länger dauernden gesundheitlichen Schaden erleidet. Schriftform ist auch erforderlich, wenn die Vollmacht den Verzicht auf lebenserhaltende Maßnahmen umfasst.

Die Einwilligung des Bevollmächtigten in Maßnahmen, bei denen die begründete Gefahr besteht, dass der Patient stirbt oder einen schweren und länger dauernden gesundheitlichen Schaden erleidet, bedarf der Genehmigung des Vormundschaftsgerichts, es sei denn, dass mit dem Aufschub Gefahr verbunden ist (§ 1904 Abs. 2 BGB). Ob dies auch bei einem Verzicht auf lebenserhaltende Maßnahmen gilt, ist umstritten. Jedenfalls soll sich der Arzt, wenn der Bevollmächtigte eine ärztlich indizierte lebenserhaltende Maßnahme ablehnt, an das Vormundschaftsgericht wenden. Bis zur Entscheidung des Vormundschaftsgerichts soll der Arzt die Behandlung durchführen.

Eine Betreuungsverfügung ist eine für das Vormundschaftsgericht bestimmte Willensäußerung für den Fall der Anordnung einer Betreuung. In ihr können Vorschläge zur Person eines Betreuers und Wünsche zur Wahrnehmung seiner Aufgaben geäußert werden. Eine Betreuung kann vom Gericht für bestimmte Bereiche angeordnet werden, wenn der Patient nicht in der Lage ist, seine Angelegenheiten selbst zu besorgen, und eine Vollmacht hierfür nicht vorliegt oder nicht ausreicht. Der Betreuer entscheidet im Rahmen seines Aufgabenkreises für den Betreuten. Zum Erfordernis der Genehmigung durch das Vormundschaftsgericht wird auf die Ausführungen zum Bevollmächtigten verwiesen.

Auszug aus dem Bürgerlichen Gesetzbuch

§ 1835 BGB Aufwendungsersatz

(1) [1]Macht der Vormund zum Zwecke der Führung der Vormundschaft Aufwendungen, so kann er nach den für den Auftrag geltenden Vorschriften der §§ 669, 670 von dem Mündel Vorschuss oder Ersatz verlangen; für den Ersatz von Fahrtkosten gilt die in § 5 des Justizvergütungs- und -entschädigungsgesetzes für Sachverständige getroffene Regelung entsprechend. [2]Das gleiche Recht steht dem Gegenvormund zu. [3]Ersatzansprüche erlöschen, wenn sie nicht binnen 15 Monaten nach ihrer Entstehung gerichtlich geltend gemacht werden; die Geltendmachung des Anspruchs beim Vormundschaftsgericht gilt dabei auch als Geltendmachung gegenüber dem Mündel.

(1a) [1]Das Familiengericht kann eine von Absatz 1 Satz 3 abweichende Frist von mindestens zwei Monaten bestimmen. [2]In der Fristbestimmung ist über die Folgen der Versäumung der Frist zu belehren. [3]Die Frist kann auf Antrag vom Familiengericht verlängert werden. [4]Der Anspruch erlischt, soweit er nicht innerhalb der Frist beziffert wird.

(2) [1]Aufwendungen sind auch die Kosten einer angemessenen Versicherung gegen Schäden, die dem Mündel durch den Vormund oder Gegenvormund zugefügt werden können oder die dem Vormund oder Gegenvormund dadurch entstehen können, dass er einem Dritten zum Ersatz eines durch die Führung der Vormundschaft verursachten Schadens verpflichtet ist; dies gilt nicht für die Kosten der Haftpflichtversicherung des Halters eines Kraftfahrzeugs. [2]Satz 1 ist nicht anzuwenden, wenn der Vormund oder Gegenvormund eine Vergütung nach § 1836 Absatz 1 Satz 2 in Verbindung mit dem Vormünder- und Betreuervergütungsgesetz erhält.

(3) Als Aufwendungen gelten auch solche Dienste des Vormunds oder des Gegenvormunds, die zu seinem Gewerbe oder seinem Beruf gehören.

(4) [1]Ist der Mündel mittellos, so kann der Vormund Vorschuss und Ersatz aus der Staatskasse verlangen. [2]Absatz 1 Satz 3 und Absatz 1a gelten entsprechend.

(5) [1]Das Jugendamt oder ein Verein kann als Vormund oder Gegenvormund für Aufwendungen keinen Vorschuss und Ersatz nur insoweit verlangen, als das einzusetzende Einkommen und Vermögen des Mündels ausreicht. [2]Allgemeine Verwaltungskosten einschließlich der Kosten nach Absatz 2 werden nicht ersetzt.

§ 1835 a BGB Aufwandsentschädigung

(1) [1]Zur Abgeltung seines Anspruchs auf Aufwendungsersatz kann der Vormund als Aufwandsentschädigung für jede Vormundschaft, für die ihm keine Vergütung zusteht, einen Geldbetrag verlangen, der für ein Jahr dem Neunzehnfachen dessen entspricht, was einem Zeugen als Höchstbetrag der Entschädigung für eine Stunde versäumter Arbeitszeit (§ 22 des Justizvergütungs- und -entschädigungsgesetzes) gewährt werden kann (Aufwandsentschädigung). [2]Hat der Vormund für solche Aufwendungen bereits Vorschuss oder Ersatz erhalten, so verringert sich die Aufwandsentschädigung entsprechend.

(2) Die Aufwandsentschädigung ist jährlich zu zahlen, erstmals ein Jahr nach Bestellung des Vormunds.

(3) Ist der Mündel mittellos, so kann der Vormund die Aufwandsentschädigung aus der Staatskasse verlangen; Unterhaltsansprüche des Mündels gegen den Vormund sind insoweit bei der Bestimmung des Einkommens nach § 1836 c Nr. 1 nicht zu berücksichtigen.

(4) Der Anspruch auf Aufwandsentschädigung erlischt, wenn er nicht binnen drei Monaten nach Ablauf des Jahres, in dem der Anspruch entsteht, geltend gemacht wird; die Geltendmachung des Anspruchs beim Familiengericht gilt auch als Geltendmachung gegenüber dem Mündel.

(5) Dem Jugendamt oder einem Verein kann keine Aufwandsentschädigung gewährt werden.

§ 1836 BGB Vergütung des Vormunds

(1) [1]Die Vormundschaft wird unentgeltlich geführt. [2]Sie wird ausnahmsweise entgeltlich geführt, wenn das Gericht bei der Bestellung des Vormunds feststellt, dass der Vormund die Vormundschaft berufsmäßig führt. [3]Das Nähere regelt das Vormünder- und Betreuervergütungsgesetz.

(2) Trifft das Gericht keine Feststellung nach Absatz 1 Satz 2, so kann es dem Vormund und aus besonderen Gründen auch dem Gegenvormund gleichwohl eine angemessene Vergütung bewilligen, soweit der Umfang oder die Schwierigkeit der vormundschaftlichen Geschäfte dies rechtfertigen; dies gilt nicht, wenn der Mündel mittellos ist.

(3) Dem Jugendamt oder einem Verein kann keine Vergütung bewilligt werden.

§ 1836 c BGB Einzusetzende Mittel des Mündels

[1]Der Mündel hat einzusetzen:

1. nach Maßgabe des § 87 des Zwölften Buches Sozialgesetzbuch sein Einkommen, soweit es zusammen mit dem Einkommen seines nicht getrennt lebenden Ehegatten oder Lebenspartners die nach den §§ 82, 85 Absatz 1 und § 86 des Zwölften Buches Sozialgesetzbuch maßgebende Einkommensgrenze für die Hilfe nach dem Fünften bis Neunten Kapitel des Zwölften Buches Sozialgesetzbuch übersteigt. [2]Wird im Einzelfall der Einsatz eines Teils des Einkommens zur Deckung eines bestimmten Bedarfs im Rahmen der Hilfe nach dem Fünften bis Neunten Kapitel des Zwölften Buches Sozialgesetzbuch zugemutet oder verlangt, darf dieser Teil des Einkommens bei der Prüfung, inwieweit der Einsatz des Einkommens zur Deckung der Kosten der Vormundschaft einzusetzen ist, nicht mehr berücksichtigt werden. [3]Als Einkommen gelten auch Unterhaltsansprüche sowie die wegen Entziehung einer solchen Forderung zu entrichtenden Renten;

2. sein Vermögen nach Maßgabe des § 90 des Zwölften Buches Sozialgesetzbuch.

§ 1896 BGB Voraussetzungen

(1) [1]Kann ein Volljähriger auf Grund einer psychischen Krankheit oder einer körperlichen, geistigen oder seelischen Behinderung seine Angelegenheiten ganz oder teilweise nicht besorgen, so bestellt das Betreuungsgericht auf seinen Antrag oder von Amts wegen für ihn einen Betreuer. [2]Den Antrag kann auch ein Geschäftsunfähiger stellen. [3]Soweit der Volljährige auf Grund einer körperlichen Behinderung seine Angelegenheiten nicht besorgen kann, darf der Betreuer nur auf Antrag des Volljährigen bestellt werden, es sei denn, dass dieser seinen Willen nicht kundtun kann.

(1a) Gegen den freien Willen des Volljährigen darf ein Betreuer nicht bestellt werden.

(2) [1]Ein Betreuer darf nur für Aufgabenkreise bestellt werden, in denen die Betreuung erforderlich ist. [2]Die Betreuung ist nicht erforderlich, soweit die Angelegenheiten des Volljährigen durch einen Bevollmächtigten, der nicht zu den in § 1897 Absatz 3 bezeichneten Personen gehört, oder durch andere Hilfen, bei denen kein gesetzlicher Vertreter bestellt wird, ebenso gut wie durch einen Betreuer besorgt werden können.

(3) Als Aufgabenkreis kann auch die Geltendmachung von Rechten des Betreuten gegenüber seinem Bevollmächtigten bestimmt werden.

(4) Die Entscheidung über den Fernmeldeverkehr des Betreuten und über die Entgegennahme, das Öffnen und das Anhalten seiner Post werden vom Aufgabenkreis des Betreuers nur dann erfasst, wenn das Gericht dies ausdrücklich angeordnet hat.

§ 1897 BGB Bestellung einer natürlichen Person

(1) Zum Betreuer bestellt das Betreuungsgericht eine natürliche Person, die geeignet ist, in dem gerichtlich

bestimmten Aufgabenkreis die Angelegenheiten des Betreuten rechtlich zu besorgen und ihn in dem hierfür erforderlichen Umfang persönlich zu betreuen.

(2) [1]Der Mitarbeiter eines nach § 1908 f anerkannten Betreuungsvereins, der dort ausschließlich oder teilweise als Betreuer tätig ist (Vereinsbetreuer), darf nur mit Einwilligung des Vereins bestellt werden. [2]Entsprechendes gilt für den Mitarbeiter einer in Betreuungsangelegenheiten zuständigen Behörde, der dort ausschließlich oder teilweise als Betreuer tätig ist (Behördenbetreuer).

(3) Wer zu einer Anstalt, einem Heim oder einer sonstigen Einrichtung, in welcher der Volljährige untergebracht ist oder wohnt, in einem Abhängigkeitsverhältnis oder in einer anderen engen Beziehung steht, darf nicht zum Betreuer bestellt werden.

(4) [1]Schlägt der Volljährige eine Person vor, die zum Betreuer bestellt werden kann, so ist diesem Vorschlag zu entsprechen, wenn es dem Wohl des Volljährigen nicht zuwiderläuft. [2]Schlägt er vor, eine bestimmte Person nicht zu bestellen, so soll hierauf Rücksicht genommen werden. [3]Die Sätze 1 und 2 gelten auch für Vorschläge, die der Volljährige vor dem Betreuungsverfahren gemacht hat, es sei denn, dass er an diesen Vorschlägen erkennbar nicht festhalten will.

(5) Schlägt der Volljährige niemanden vor, der zum Betreuer bestellt werden kann, so ist bei der Auswahl des Betreuers auf die verwandtschaftlichen und sonstigen persönlichen Bindungen des Volljährigen, insbesondere auf die Bindungen zu Eltern, zu Kindern, zum Ehegatten und zum Lebenspartner, sowie auf die Gefahr von Interessenkonflikten Rücksicht zu nehmen.

(6) [1]Wer Betreuungen im Rahmen seiner Berufsausübung führt, soll nur dann zum Betreuer bestellt werden, wenn keine andere geeignete Person zur Verfügung steht, die zur ehrenamtlichen Führung der Betreuung bereit ist. [2]Werden dem Betreuer Umstände bekannt, aus denen sich ergibt, dass der Volljährige durch eine oder mehrere andere ge-

eignete Personen außerhalb einer Berufsausübung betreut werden kann, so hat er dies dem Gericht mitzuteilen.

(7) [1]Wird eine Person unter den Voraussetzungen des Absatzes 6 Satz 1 erstmals in dem Bezirk des Betreuungsgericht zum Betreuer bestellt, soll das Gericht zuvor die zuständige Behörde zur Eignung des ausgewählten Betreuers und zu den nach § 1 Absatz 1 Satz 1 zweite Alternative des Vormünder- und Betreuervergütungsgesetzes zu treffenden Feststellungen anhören. [2]Die zuständige Behörde soll die Person auffordern, ein Führungszeugnis und eine Auskunft aus dem Schuldnerverzeichnis vorzulegen.

(8) Wird eine Person unter den Voraussetzungen des Absatzes 6 Satz 1 bestellt, hat sie sich über Zahl und Umfang der von ihr berufsmäßig geführten Betreuungen zu erklären.

§ 1898 BGB Übernahmepflicht

(1) Der vom Betreuungsgericht Ausgewählte ist verpflichtet, die Betreuung zu übernehmen, wenn er zur Betreuung geeignet ist und ihm die Übernahme unter Berücksichtigung seiner familiären, beruflichen und sonstigen Verhältnisse zugemutet werden kann.

(2) Der Ausgewählte darf erst dann zum Betreuer bestellt werden, wenn er sich zur Übernahme der Betreuung bereit erklärt hat.

§ 1900 BGB Betreuung durch Verein oder Behörde

(1) [1]Kann der Volljährige durch eine oder mehrere natürliche Personen nicht hinreichend betreut werden, so bestellt das Betreuungsgericht einen anerkannten Betreuungsverein zum Betreuer. [2]Die Bestellung bedarf der Einwilligung des Vereins.

(2) [1]Der Verein überträgt die Wahrnehmung der Betreuung einzelnen Personen. [2]Vorschlägen des Volljährigen hat er hierbei zu entsprechen, soweit nicht wichtige Gründe ent-

gegenstehen. [3]Der Verein teilt dem Gericht alsbald mit, wem er die Wahrnehmung der Betreuung übertragen hat.

(3) Werden dem Verein Umstände bekannt, aus denen sich ergibt, dass der Volljährige durch eine oder mehrere natürliche Personen hinreichend betreut werden kann, so hat er dies dem Gericht mitzuteilen.

(4) [1]Kann der Volljährige durch eine oder mehrere natürliche Personen oder durch einen Verein nicht hinreichend betreut werden, so bestellt das Gericht die zuständige Behörde zum Betreuer. [2]Die Absätze 2 und 3 gelten entsprechend.

(5) Vereinen oder Behörden darf die Entscheidung über die Einwilligung in eine Sterilisation des Betreuten nicht übertragen werden.

§ 1901 BGB Umfang der Betreuung, Pflichten des Betreuers

(1) Die Betreuung umfasst alle Tätigkeiten, die erforderlich sind, um die Angelegenheiten des Betreuten nach Maßgabe der folgenden Vorschriften rechtlich zu besorgen.

(2) [1]Der Betreuer hat die Angelegenheiten des Betreuten so zu besorgen, wie es dessen Wohl entspricht. [2]Zum Wohl des Betreuten gehört auch die Möglichkeit, im Rahmen seiner Fähigkeiten sein Leben nach seinen eigenen Wünschen und Vorstellungen zu gestalten.

(3) [1]Der Betreuer hat Wünschen des Betreuten zu entsprechen, soweit dies dessen Wohl nicht zuwiderläuft und dem Betreuer zuzumuten ist. [2]Dies gilt auch für Wünsche, die der Betreute vor der Bestellung des Betreuers geäußert hat, es sei denn, dass er an diesen Wünschen erkennbar nicht festhalten will. [3]Ehe der Betreuer wichtige Angelegenheiten erledigt, bespricht er sie mit dem Betreuten, sofern dies dessen Wohl nicht zuwiderläuft.

(4) [1]Innerhalb seines Aufgabenkreises hat der Betreuer dazu beizutragen, dass Möglichkeiten genutzt werden, die Krankheit oder Behinderung des Betreuten zu beseitigen,

zu bessern, ihre Verschlimmerung zu verhüten oder ihre Folgen zu mildern. [2]Wird die Betreuung berufsmäßig geführt, hat der Betreuer in geeigneten Fällen auf Anordnung des Gerichts zu Beginn der Betreuung einen Betreuungsplan zu erstellen. [3]In dem Betreuungsplan sind die Ziele der Betreuung und die zu ihrer Erreichung zu ergreifenden Maßnahmen darzustellen.

(5) [1]Werden dem Betreuer Umstände bekannt, die eine Aufhebung der Betreuung ermöglichen, so hat er dies dem Betreuungsgericht mitzuteilen. [2]Gleiches gilt für Umstände, die eine Einschränkung des Aufgabenkreises ermöglichen oder dessen Erweiterung, die Bestellung eines weiteren Betreuers oder die Anordnung eines Einwilligungsvorbehalts (§ 1903) erfordern

§ 1901 a BGB Patientenverfügung

(1) Hat ein einwilligungsfähiger Volljähriger für den Fall seiner Einwilligungsunfähigkeit schriftlich festgelegt, ob er in bestimmte, zum Zeitpunkt der Festlegung noch nicht unmittelbar bevorstehende Untersuchungen seines Gesundheitszustandes, Heilbehandlungen oder ärztliche Eingriffe einwilligt oder sie untersagt (Patientenverfügung), prüft der Betreuer, ob diese Festlegungen auf die aktuelle Lebens- und Behandlungssituation zutreffen. Ist dies der Fall, hat der Betreuer dem Willen des Betreuten Ausdruck und Geltung zu verschaffen. Eine Patientenverfügung kann jederzeit formlos widerrufen werden.

(2) Liegt keine Patientenverfügung vor oder treffen die Festlegungen einer Patientenverfügung nicht auf die aktuelle Lebens- und Behandlungssituation zu, hat der Betreuer die Behandlungswünsche oder den mutmaßlichen Willen des Betreuten festzustellen und auf dieser Grundlage zu entscheiden, ob er in eine ärztliche Maßnahme nach Absatz 1 einwilligt oder sie untersagt. Der mutmaßliche Wille ist aufgrund konkreter Anhaltspunkte zu ermitteln. Zu berücksichtigen sind insbesondere frühere mündliche oder schriftliche Äußerungen, ethische oder religiöse

Überzeugungen und sonstige persönliche Wertvorstellungen des Betreuten.

(3) Die Absätze 1 und 2 gelten unabhängig von Art und Stadium einer Erkrankung des Betreuten.

(4) Niemand kann zur Errichtung einer Patientenverfügung verpflichtet werden. Die Errichtung oder Vorlage einer Patientenverfügung darf nicht zur Bedingung eines Vertragsschlusses gemacht werden.

(5) Die Absätze 1 bis 3 gelten für Bevollmächtigte entsprechend.

§ 1901 b BGB Gespräch zur Feststellung des Patientenwillens

(1) Der behandelnde Arzt prüft, welche ärztliche Maßnahme im Hinblick auf den Gesamtzustand und die Prognose des Patienten indiziert ist. Er und der Betreuer erörtern diese Maßnahme unter Berücksichtigung des Patientenwillens als Grundlage für die nach § 1901 a zu treffende Entscheidung.

(2) Bei der Feststellung des Patientenwillens nach § 1901 a Absatz 1 oder der Behandlungswünsche oder des mutmaßlichen Willens nach § 1901 a Absatz 2 soll nahen Angehörigen und sonstigen Vertrauenspersonen des Betreuten Gelegenheit zur Äußerung gegeben werden, sofern dies ohne erhebliche Verzögerung möglich ist.

(3) Die Absätze 1 und 2 gelten für Bevollmächtigte entsprechend.

§ 1901 c BGB Schriftliche Betreuungswünsche, Vorsorgevollmacht

[1]Wer ein Schriftstück besitzt, in dem jemand für den Fall seiner Betreuung Vorschläge zur Auswahl des Betreuers oder Wünsche zur Wahrnehmung der Betreuung geäußert hat, hat es unverzüglich an das Betreuungsgericht abzuliefern, nachdem er von der Einleitung eines Verfahrens über die Bestellung eines Betreuers Kenntnis erlangt

hat. [2]Ebenso hat der Besitzer das Betreuungsgericht über Schriftstücke, in denen der Betroffene eine andere Person mit der Wahrnehmung seiner Angelegenheiten bevollmächtigt hat, zu unterrichten. [3]Das Betreuungsgericht kann die Vorlage einer Abschrift verlangen.

§ 1902 BGB Vertretung des Betreuten

In seinem Aufgabenkreis vertritt der Betreuer den Betreuten gerichtlich und außergerichtlich.

§ 1903 BGB Einwilligungsvorbehalt

(1) [1]Soweit dies zur Abwendung einer erheblichen Gefahr für die Person oder das Vermögen des Betreuten erforderlich ist, ordnet das Betreuungsgericht an, dass der Betreute zu einer Willenserklärung, die den Aufgabenkreis des Betreuers betrifft, dessen Einwilligung bedarf (Einwilligungsvorbehalt). [2]Die §§ 108 bis 113, 131 Absatz 2 und § 210 gelten entsprechend.

(2) Ein Einwilligungsvorbehalt kann sich nicht erstrecken auf Willenserklärungen, die auf Eingehung einer Ehe oder Begründung einer Lebenspartnerschaft gerichtet sind, auf Verfügungen von Todes wegen und auf Willenserklärungen, zu denen ein beschränkt Geschäftsfähiger nach den Vorschriften des Buches vier und fünf nicht der Zustimmung seines gesetzlichen Vertreters bedarf.

(3) [1]Ist ein Einwilligungsvorbehalt angeordnet, so bedarf der Betreute dennoch nicht der Einwilligung seines Betreuers, wenn die Willenserklärung dem Betreuten lediglich einen rechtlichen Vorteil bringt. [2]Soweit das Gericht nichts anderes anordnet, gilt dies auch, wenn die Willenserklärung eine geringfügige Angelegenheit des täglichen Lebens betrifft.

§ 1904 BGB Genehmigung des Betreuungsgericht bei ärztlichen Maßnahmen

(1) [1]Die Einwilligung des Betreuers in eine Untersuchung des Gesundheitszustands, eine Heilbehandlung oder einen ärztlichen Eingriff bedarf der Genehmigung des Betreuungsgerichts, wenn die begründete Gefahr besteht, dass der Betreute auf Grund der Maßnahme stirbt oder einen schweren und länger dauernden gesundheitlichen Schaden erleidet. [2]Ohne die Genehmigung darf die Maßnahme nur durchgeführt werden, wenn mit dem Aufschub Gefahr verbunden ist.

(2) Die Nichteinwilligung oder der Widerruf der Einwilligung des Betreuers in eine Untersuchung des Gesundheitszustands, eine Heilbehandlung oder einen ärztlichen Eingriff bedarf der Genehmigung des Betreuungsgerichts, wenn die Maßnahme medizinisch angezeigt ist und die begründete Gefahr besteht, dass der Betreute aufgrund des Unterbleibens oder des Abbruchs der Maßnahme stirbt oder einen schweren und länger dauernden gesundheitlichen Schaden erleidet.

(3) Die Genehmigung nach den Absätzen 1 und 2 ist zu erteilen, wenn die Einwilligung, die Nichteinwilligung oder der Widerruf der Einwilligung dem Willen des Betreuten entspricht.

(4) Eine Genehmigung nach den Absätzen 1 und 2 ist nicht erforderlich, wenn zwischen Betreuer und behandelndem Arzt Einvernehmen darüber besteht, dass die Erteilung, die Nichterteilung oder der Widerruf der Einwilligung dem nach § 1901 a festgestellten Willen des Betreuten entspricht.

(5) Die Absätze 1 bis 4 gelten auch für einen Bevollmächtigten. Er kann in eine der in Absatz 1 Satz 1 oder Absatz 2 genannten Maßnahme nur einwilligen, nicht einwilligen oder die Einwilligung widerrufen, wenn die Vollmacht diese Maßnahmen ausdrücklich umfasst und schriftlich erteilt ist.

§ 1905 BGB Sterilisation

(1) [1]Besteht der ärztliche Eingriff in einer Sterilisation des Betreuten, in die dieser nicht einwilligen kann, so kann der Betreuer nur einwilligen, wenn

1. die Sterilisation dem Willen des Betreuten nicht widerspricht,
2. der Betreute auf Dauer einwilligungsunfähig bleiben wird,
3. anzunehmen ist, dass es ohne die Sterilisation zu einer Schwangerschaft kommen würde,
4. infolge dieser Schwangerschaft eine Gefahr für das Leben oder die Gefahr einer schwerwiegenden Beeinträchtigung des körperlichen oder seelischen Gesundheitszustands der Schwangeren zu erwarten wäre, die nicht auf zumutbare Weise abgewendet werden könnte, und
5. die Schwangerschaft nicht durch andere zumutbare Mittel verhindert werden kann.

[2]Als schwerwiegende Gefahr für den seelischen Gesundheitszustand der Schwangeren gilt auch die Gefahr eines schweren und nachhaltigen Leides, das ihr drohen würde, weil betreuungsgerichtliche Maßnahmen, die mit ihrer Trennung vom Kind verbunden wären (§§ 1666, 1666 a), gegen sie ergriffen werden müssten.

(2) [1]Die Einwilligung bedarf der Genehmigung des Betreuungsgericht. [2]Die Sterilisation darf erst zwei Wochen nach Wirksamkeit der Genehmigung durchgeführt werden. [3]Bei der Sterilisation ist stets der Methode der Vorzug zu geben, die eine Refertilisierung zulässt.

§ 1906 BGB Genehmigung des Betreuungsgerichts bei der Unterbringung

(1) Eine Unterbringung des Betreuten durch den Betreuer, die mit Freiheitsentziehung verbunden ist, ist nur zulässig, solange sie zum Wohl des Betreuten erforderlich ist, weil

1. auf Grund einer psychischen Krankheit oder geistigen oder seelischen Behinderung des Betreuten die Gefahr besteht, dass er sich selbst tötet oder erheblichen gesundheitlichen Schaden zufügt, oder
2. eine Untersuchung des Gesundheitszustands, eine Heilbehandlung oder ein ärztlicher Eingriff notwendig ist, ohne die Unterbringung des Betreuten nicht durchgeführt werden kann und der Betreute auf Grund einer psychischen Krankheit oder geistigen oder seelischen Behinderung die Notwendigkeit der Unterbringung nicht erkennen oder nicht nach dieser Einsicht handeln kann.

(2) [1]Die Unterbringung ist nur mit Genehmigung des Betreuungsgerichts zulässig. [2]Ohne die Genehmigung ist die Unterbringung nur zulässig, wenn mit dem Aufschub Gefahr verbunden ist; die Genehmigung ist unverzüglich nachzuholen.

(3) [1]Der Betreuer hat die Unterbringung zu beenden, wenn ihre Voraussetzungen wegfallen. [2]Er hat die Beendigung der Unterbringung dem Betreuungsgericht anzuzeigen.

(4) Die Absätze 1 bis 3 gelten entsprechend, wenn dem Betreuten, der sich in einer Anstalt, einem Heim oder einer sonstigen Einrichtung aufhält, ohne untergebracht zu sein, durch mechanische Vorrichtungen, Medikamente oder auf andere Weise über einen längeren Zeitraum oder regelmäßig die Freiheit entzogen werden soll.

(5) [1]Die Unterbringung durch einen Bevollmächtigten und die Einwilligung eines Bevollmächtigten in Maßnahmen nach Absatz 4 setzt voraus, dass die Vollmacht schriftlich erteilt ist und die in den Absätzen 1 und 4 genannten Maßnahmen ausdrücklich umfasst. [2]Im Übrigen gelten die Absätze 1 bis 4 entsprechend.

§ 1907 BGB Genehmigung des Betreuungsgerichts bei der Aufgabe der Mietwohnung

(1) [1]Zur Kündigung eines Mietverhältnisses über Wohnraum, den der Betreute gemietet hat, bedarf der Betreuer

der Genehmigung des Betreuungsgerichts. [2]Gleiches gilt für eine Willenserklärung, die auf die Aufhebung eines solchen Mietverhältnisses gerichtet ist.

(2) [1]Treten andere Umstände ein, auf Grund derer die Beendigung des Mietverhältnisses in Betracht kommt, so hat der Betreuer dies dem Betreuungsgericht unverzüglich mitzuteilen, wenn sein Aufgabenkreis das Mietverhältnis oder die Aufenthaltsbestimmung umfasst. [2]Will der Betreuer Wohnraum des Betreuten auf andere Weise als durch Kündigung oder Aufhebung eines Mietverhältnisses aufgeben, so hat er dies gleichfalls unverzüglich mitzuteilen.

(3) Zu einem Miet- oder Pachtvertrag oder zu einem anderen Vertrag, durch den der Betreute zu wiederkehrenden Leistungen verpflichtet wird, bedarf der Betreuer der Genehmigung des Betreuungsgerichts, wenn das Vertragsverhältnis länger als vier Jahre dauern oder vom Betreuer Wohnraum vermietet werden soll.

§ 1908 BGB Genehmigung des Betreuungsgerichts bei der Ausstattung

Der Betreuer kann eine Ausstattung aus dem Vermögen des Betreuten nur mit Genehmigung des Betreuungsgerichts versprechen oder gewähren.

§ 1908 a BGB Vorsorgliche Betreuerbestellung und Anordnung des Einwilligungsvorbehalts für Minderjährige

[1]Maßnahmen nach den §§ 1896, 1903 können auch für einen Minderjährigen, der das 17. Lebensjahr vollendet hat, getroffen werden, wenn anzunehmen ist, dass sie bei Eintritt der Volljährigkeit erforderlich werden. [2]Die Maßnahmen werden erst mit dem Eintritt der Volljährigkeit wirksam.

§ 1908 b BGB Entlassung des Betreuers

(1) [1]Das Betreuungsgericht hat den Betreuer zu entlassen, wenn seine Eignung, die Angelegenheiten des Betreuten zu besorgen, nicht mehr gewährleistet ist oder ein anderer wichtiger Grund für die Entlassung vorliegt. [2]Ein wichtiger Grund liegt auch vor, wenn der Betreuer eine erforderliche Abrechnung vorsätzlich falsch erteilt hat. [3]Das Gericht soll den nach § 1897 Absatz 6 bestellten Betreuer entlassen, wenn der Betreute durch eine oder mehrere andere Personen außerhalb einer Berufsausübung betreut werden kann.

(2) Der Betreuer kann seine Entlassung verlangen, wenn nach seiner Bestellung Umstände eintreten, auf Grund derer ihm die Betreuung nicht mehr zugemutet werden kann.

(3) Das Gericht kann den Betreuer entlassen, wenn der Betreute eine gleich geeignete Person, die zur Übernahme bereit ist, als neuen Betreuer vorschlägt.

(4) [1]Der Vereinsbetreuer ist auch zu entlassen, wenn der Verein dies beantragt. [2]Ist die Entlassung nicht zum Wohl des Betreuten erforderlich, so kann das Betreuungsgericht stattdessen mit Einverständnis des Betreuers aussprechen, dass dieser die Betreuung künftig als Privatperson weiterführt. [3]Die Sätze 1 und 2 gelten für den Behördenbetreuer entsprechend.

(5) Der Verein oder die Behörde ist zu entlassen, sobald der Betreute durch eine oder mehrere natürliche Personen hinreichend betreut werden kann.

§ 1908 c BGB Bestellung eines neuen Betreuers

Stirbt der Betreuer oder wird er entlassen, so ist ein neuer Betreuer zu bestellen.

§ 1908 d BGB Aufhebung oder Änderung von Betreuung und Einwilligungsvorbehalt

(1) [1]Die Betreuung ist aufzuheben, wenn ihre Voraussetzungen wegfallen. [2]Fallen diese Voraussetzungen nur für einen Teil der Aufgaben des Betreuers weg, so ist dessen Aufgabenkreis einzuschränken.

(2) [1]Ist der Betreuer auf Antrag des Betreuten bestellt, so ist die Betreuung auf dessen Antrag aufzuheben, es sei denn, dass eine Betreuung von Amts wegen erforderlich ist. [2]Den Antrag kann auch ein Geschäftsunfähiger stellen. [3]Die Sätze 1 und 2 gelten für die Einschränkung des Aufgabenkreises entsprechend.

(3) [1]Der Aufgabenkreis des Betreuers ist zu erweitern, wenn dies erforderlich wird. [2]Die Vorschriften über die Bestellung des Betreuers gelten hierfür entsprechend.

(4) Für den Einwilligungsvorbehalt gelten die Absätze 1 und 3 entsprechend.

§ 1908 f BGB Anerkennung als Betreuungsverein

(1) Ein rechtsfähiger Verein kann als Betreuungsverein anerkannt werden, wenn er gewährleistet, dass er

1. eine ausreichende Zahl geeigneter Mitarbeiter hat und diese beaufsichtigen, weiterbilden und gegen Schäden, die diese anderen im Rahmen ihrer Tätigkeit zufügen können, angemessen versichern wird,
2. sich planmäßig um die Gewinnung ehrenamtlicher Betreuer bemüht, diese in ihre Aufgaben einführt, fortbildet und sie sowie Bevollmächtigte berät,

2a. planmäßig über Vorsorgevollmachten und Betreuungsverfügungen informiert,

3. einen Erfahrungsaustausch zwischen den Mitarbeitern ermöglicht.

(2) [1]Die Anerkennung gilt für das jeweilige Land; sie kann auf einzelne Landesteile beschränkt werden. [2]Sie ist widerruflich und kann unter Auflagen erteilt werden.

(3) [1]Das Nähere regelt das Landesrecht. [2]Es kann auch weitere Voraussetzungen für die Anerkennung vorsehen.

(4) Die anerkannten Betreuungsvereine können im Einzelfall Personen bei der Errichtung einer Vorsorgevollmacht beraten.

§ 1908 g BGB Behördenbetreuer

(1) Gegen einen Behördenbetreuer wird kein Zwangsgeld nach § 1837 Absatz 3 Satz 1 festgesetzt.

(2) Der Behördenbetreuer kann Geld des Betreuten gemäß § 1807 auch bei der Körperschaft anlegen, bei der er tätig ist.

§ 1908 i BGB Entsprechend anwendbare Vorschriften

(1) [1]Im Übrigen sind auf die Betreuung § 1632 Absätze 1 bis 3, §§ 1784, 1787 Absatz 1, § 1791 a Absatz 3 Satz 1 zweiter Halbsatz und Satz 2, §§ 1792, 1795 bis 1797 Absatz 1 Satz 2, §§ 1798, 1799, 1802, 1803, 1805 bis 1821, 1822 Nr. 1 bis 4, 6 bis 13, §§ 1823 bis 1826, 1828 bis 1836, 1836 c bis 1836 e, 1837 Absatz 1 bis 3, §§ 1839 bis 1843, 1846, 1857 a, 1888, 1890 bis 1895 sinngemäß anzuwenden. [2]Durch Landesrecht kann bestimmt werden, dass Vorschriften, welche die Aufsicht des Betreuungsgerichts in vermögensrechtlicher Hinsicht sowie beim Abschluss von Lehr- und Arbeitsverträgen betreffen, gegenüber der zuständigen Behörde außer Anwendung bleiben.

(2) [1]§ 1804 ist sinngemäß anzuwenden, jedoch kann der Betreuer in Vertretung des Betreuten Gelegenheitsgeschenke auch dann machen, wenn dies dem Wunsch des Betreuten entspricht und nach seinen Lebensverhältnissen üblich ist. [2]§ 1857 a ist auf die Betreuung durch den Vater, die Mutter, den Ehegatten, den Lebenspartner oder einen Abkömmling des Betreuten sowie auf den Vereinsbetreuer und den Behördenbetreuer sinngemäß anzuwenden, soweit das Vormundschaftsgericht nichts anderes anordnet.

Adressen der Verbraucherzentralen

Verbraucherzentrale Baden-Württemberg e. V.
Paulinenstraße 47, 70178 Stuttgart
Telefon 07 11/66 91-10, Telefax 07 11/66 91-50
www.verbraucherzentrale-bawue.de

Verbraucherzentrale Bayern e. V.
Mozartstraße 9, 80336 München
Telefon 0 89/5 39 87-0, Telefax 0 89/53 75-53
www.verbraucherzentrale-bayern.de

Verbraucherzentrale Berlin e. V.
Hardenbergplatz 2, 10623 Berlin
Telefon 0 30/2 14 85-0, Telefax 0 30/2 11 72-01
www.verbraucherzentrale-berlin.de

Verbraucherzentrale Brandenburg e. V.
Templiner Straße 21, 14473 Potsdam
Telefon 03 31/2 98 71-0, Telefax 03 31/2 98 71-77
www.vzb.de

Verbraucherzentrale des Landes Bremen e. V.
Altenweg 4, 28195 Bremen
Telefon 04 21/1 60 77-7, Telefax 04 21/1 60 77-80
www.vz-hb.de

Verbraucherzentrale Hamburg e. V.
Kirchenallee 22, 20099 Hamburg
Telefon 0 40/2 48 32-0, Telefax 0 40/2 48 32-2 90
www.vzhh.de

Verbraucherzentrale Hessen e. V.
Große Friedberger Straße 13–17, 60313 Frankfurt am Main
Telefon 0 18 05/97 20 10, Telefax 0 69/97 20 10-50
www.verbraucher.de

Neue Verbraucherzentrale in Mecklenburg und Vorpommern e. V.
Strandstraße 98, 18055 Rostock
Telefon 03 81/2 08 70-50, Telefax 03 81/2 08 70-30
www.nvzmv.de

Verbraucherzentrale Niedersachsen e. V.
Herrenstraße 14, 30159 Hannover
Telefon 05 11/9 11 96-0, Telefax 05 11/9 11 96-10
www.vzniedersachsen.de

Verbraucherzentrale Nordrhein-Westfalen e. V.
Mintropstraße 27, 40215 Düsseldorf
Telefon 02 11/38 09-0, Telefax 02 11/38 09-1 72
www.vz-nrw.de

Verbraucherzentrale Rheinland-Pfalz e. V.
Ludwigstraße 6, 55116 Mainz
Telefon 0 61 31/28 48-0, Telefax 0 61 31/28 48-66
www.vz-rlp.de

Verbraucherzentrale des Saarlandes e. V.
Trierer Straße 22, 66111 Saarbrücken
Telefon 06 81/5 00 89-0, Telefax 06 81/5 00 89-22
www.vz-saar.de

Verbraucherzentrale Sachsen e. V.
Brühl 34–38, 04109 Leipzig
Telefon 03 41/69 62 90, Telefax 03 41/6 89 28 26
www.vzs.de

Verbraucherzentrale Sachsen-Anhalt e. V.
Steinbockgasse 1, 06108 Halle
Telefon 03 45/2 98 03-29, Telefax 03 45/2 98 03-26
www.vzsa.de

Verbraucherzentrale Schleswig-Holstein e. V.
Andreas-Gayk-Straße 15, 24103 Kiel
Telefon 04 31/5 90 99-0, Telefax 04 31/5 90 99-77
www.verbraucherzentrale-sh.de

Verbraucherzentrale Thüringen e. V.
Eugen-Richter-Straße 45, 99085 Erfurt
Telefon 03 61/5 55 14-0, Telefax 03 61/5 55 14-40
www.vzth.de

Verbraucherzentrale Bundesverband
Markgrafenstraße 66, 10969 Berlin
Telefon 0 30/2 58 00-0, Telefax 0 30/2 58 00-2 18
www.vzbv.de

Stichwortverzeichnis

A

B

H

I

K

L

M

Z

Herausgeber

Verbraucherzentrale Nordrhein-Westfalen e.V.
Mintropstr. 27, 40215 Düsseldorf
Telefon: 02 11/38 09-5 55
Telefax: 02 11/38 09-2 35
Internet: www.vz-nrw.de
E-Mail: publikationen@vz-nrw.de

Autor:	Prof. Dr. Walter Röchling, Viersen
Herausgeber:	Karl-Dieter Möller, Thomas Nell
Koordination:	Wolfgang Starke
Fachliche Mitwirkung:	Bernd Jaquemoth, Nürnberg
Lektorat:	Mendlewitsch + Meiser, Düsseldorf, Mitarbeit: Christine Gerber
Produktion:	bretzinger : media.production, Karlsruhe
Umschlaggestaltung:	Design Ute Lübbeke, Köln
Umschlagfoto:	plainpicture/Beatrice Hermann
Druck/Bindung:	VVA GmbH/Wesel Kommunikation, Baden-Baden